마이스터고 입학 적성평가

예 상 문제집

마이스터고 입시연구회

| Contents

chapter 01   기초 수리 능력

01 수와 연산 기초 5

02 문자와 식 20

03 함수와 자료 해석 23

chapter 02   수리 활용 능력

01 논리·추리 능력 32

02 공간지각 능력 53

03 도형 규칙 추론 72

chapter 03   의사소통 능력

01 국어 102

02 영어 121

chapter 04   NCS형 기초 소양 평가

01 NCS형 문제해결능력 140

02 NCS형 자원관리능력 142

chapter 05   전공 기초 과학적 사고력

01 물리 143

02 화학 156

03 생물 160

04 지구과학 162

chapter 01 기초 수리 능력

01 수와 연산 기초

01 다음 계산의 값으로 옳은 것을 고르면?

$$(156 - 28 + 64) \times 2$$

① 372

② 384

③ 356

④ 364

괄호 안 계산 후 곱셈
- 먼저 괄호 안의 계산을 수행함
- $156 - 28 = 128$임
- $128 + 64 = 192$임
- $192 \times 2 = 384$

02 다음 계산의 답에 해당되는 숫자로 옳은 것을 고르면?

$$76 - 15 \times 3 + 5$$

① 488

② 188

③ 53

④ 36

연산 순서 계산
- 곱셈을 먼저 계산함
- $15 \times 3 = 45$임
- 식은 $76 - 45 + 5$가 됨
- $76 - 45 = 31$, $31 + 5 = 36$

03 다음 계산의 답에 해당되는 숫자를 고르시오.

$$73 + 15 \times 3 + 27 \div 3$$

① 117

② 123

③ 127

④ 157

01 ② 02 ④ 03 ③

◀ **연산 순서 계산**
- 곱셈과 나눗셈을 먼저 계산함
- $15 \times 3 = 45$, $27 \div 3 = 9$임
- 식은 $73 + 45 + 9$가 됨
- $73 + 45 + 9 = 127$

04 다음 계산의 답에 해당되는 숫자를 고르시오.

$$432 \div (12 \times 3) + 12 \times 3$$

① 44 ② 48
③ 53 ④ 60

◀ **괄호 포함 연산**
- 괄호 안을 먼저 계산함
- $12 \times 3 = 36$임
- 식은 $432 \div 36 + 36$이 됨
- $432 \div 36 = 12$, $12 + 36 = 48$

05 다음 식의 계산 결과로 옳은 것은?

$$(45 \div 9 \times 6) + 8 \times 3$$

① 36 ② 48
③ 54 ④ 60

◀ **사칙연산 계산**
- 괄호 안의 식을 먼저 계산함
- $45 \div 9 \times 6$은 왼쪽부터 계산하여 $45 \div 9 = 5$, $5 \times 6 = 30$임
- 다음으로 $8 \times 3 = 24$를 계산함
- $30 + 24 = 54$

06 다음 식의 계산 결과로 옳은 것은?

$$84 \div 7 \times 6 + 15 \times 4 - 36 \div 3$$

① 108 ② 120
③ 132 ④ 144

M·E·M·O

◆ **사칙연산 계산**

- 곱셈과 나눗셈을 먼저 왼쪽부터 계산함
- $84 \div 7 = 12$, $12 \times 6 = 72$임
- $15 \times 4 = 60$, $36 \div 3 = 12$임
- 식은 $72 + 60 - 12$로 정리됨
- $72 + 60 - 12 = 120$

07 다음 식의 빈칸에 들어갈 연산 기호로 옳은 것은?

$$5 \times 25 + 50\ (\quad)\ 2 - 50 = 100$$

① $+$ ② $-$

③ $\times$ ④ $\div$

◆ **사칙연산 관계**

- 먼저 곱셈을 계산하면 $5 \times 25 = 125$임
- 식은 $125 + 50\ (\ )\ 2 - 50 = 100$으로 정리됨
- $125 - 50 = 75$이므로 식은 $75 + 50\ (\ )\ 2 = 100$이 됨
- 따라서 $50\ (\ )\ 2 = 25$가 되어야 함
- $50 \div 2 = 25$이므로 빈칸에 들어갈 연산 기호는 나눗셈

08 다음 식의 계산 결과로 옳은 것은?

$$12 \times 150 - 132 \div 11 - 5$$

① $1{,}771$ ② $1{,}783$

③ $1{,}795$ ④ $1{,}807$

◆ **사칙연산 계산**

- 곱셈과 나눗셈을 먼저 계산함
- $12 \times 150 = 1{,}800$이고 $132 \div 11 = 12$임
- 식은 $1{,}800 - 12 - 5$로 정리됨
- $1{,}800 - 12 = 1{,}788$임
- $1{,}788 - 5 = 1{,}783$

✔ **04** ② **05** ③ **06** ② **07** ④ **08** ②

09 다음 식의 계산 결과로 옳은 것은?

$$12 \times (150 - 108) \div 14 - 5$$

① 27   ② 29

③ 31   ④ 33

괄호와 사칙연산

- 괄호 안을 먼저 계산하면 150 − 108 = 42임
- 식은 12 × 42 ÷ 14 − 5로 정리됨
- 12 × 42 = 504이고 504 ÷ 14 = 36임
- 식은 36 − 5로 정리됨
- 36 − 5 = 31

10 학교 급식실에서 감자와 고구마를 합쳐 4,200g을 준비하였다. 감자와 고구마의 무게가 각각 200g일 때, 고구마를 3개 사용하였다면 감자의 개수는 몇 개인가?

① 15개   ② 16개

③ 17개   ④ 18개

무게 계산

- 감자와 고구마의 무게는 각각 1개에 200g임
- 고구마 3개의 무게는 3 × 200 = 600g임
- 전체 무게 4,200g에서 고구마의 무게 600g을 빼면 감자의 무게는 3,600g임
- 감자 1개의 무게는 200g이므로 감자의 개수는 3,600 ÷ 200 = 18개임
- 따라서 감자의 개수는 18개

11 한 마이스터고의 입학 선발 시험에서 지원자 50명 중 20명이 불합격하였다. 합격한 학생 중 가장 낮은 점수는 합격자 평균보다 30점 낮고, 전체 50명의 평균보다 5점 낮으며, 불합격자 평균의 2배보다 3점 낮다. 합격자의 평균 점수는 몇 점인가?

① 65점   ② 76점

③ 84점   ④ 98점

평균 점수 관계

- 합격자 평균을 A, 불합격자 평균을 B라 두고 가장 낮은 합격자 점수는 A − 30임
- 가장 낮은 점수는 전체 평균보다 5점 낮으므로 전체 평균은 A − 25임
- 전체 평균은 (30A + 20B) ÷ 50이므로 (30A + 20B) ÷ 50 = A − 25임
- 이를 정리하면 30A + 20B = 50A − 1250 → B = A − 62.5임
- 또 A − 30 = 2B − 3이므로 A − 30 = 2(A − 62.5) − 3 → A = 98임

12 한 마이스터고 교사가 학교 방문객 주차장에 차량을 주차하였다. 이 주차장은 다음 방식으로 요금을 정산한다. K가 5시간 10분 동안 주차했을 때 지불해야 할 주차 요금은 얼마인가?

기준	요금
기본 요금(1시간)	2,000원
1시간 초과 ~ 3시간 이내	30분당 500원
3시간 초과	30분당 1,500원

※ 30분 단위로 정산하며, 나머지가 30분 미만인 경우 30분으로 간주한다.

① 10,000원   ② 10,500원

③ 11,000원   ④ 11,500원

🔺 **주차 요금 계산**

- 기본 1시간 요금은 2,000원임
- 1시간 초과 ~ 3시간 구간은 2시간이며 30분 단위 4회이므로 4 × 500 = 2,000원임
- 3시간 이후 남은 시간은 2시간 10분이며 30분 단위 계산 시 5회로 처리함
- 3시간 초과 구간 요금은 5 × 1,500 = 7,500원임
- 총 요금은 2,000 + 2,000 + 7,500 = 11,500원

13 마이스터고에서 재학생과 교직원에게 안전 안내 소책자를 배포하려 한다. 다음 자료를 사용할 때 몇 권의 책자가 필요한가?

재학생 ······ 50,000명
교직원 ······ 4,000명
재학생인 교직원 자녀 ······ 3,000명

① 47,000권   ② 50,000권

③ 51,000권   ④ 54,000권

🔺 **중복 대상 제외 계산**

- 재학생 50,000명에게 소책자를 배포해야 함
- 교직원 4,000명도 대상이지만 이 중 3,000명은 이미 재학생 대상과 겹치는 경우임
- 중복되지 않는 교직원은 4,000 − 3,000 = 1,000명임
- 총 필요 수량은 50,000 + 1,000 = 51,000권

14 철수는 처음 2시간 동안 시속 4km로 걸었고, 이어서 1시간 동안 시속 6km로 걸은 뒤 마지막으로 30분 동안 시속 8km로 걸었다. 철수가 이동한 전체 거리는 얼마인가?

① 16km ② 18km

③ 20km ④ 22km

◢ 거리 계산
- 이동 거리는 속력 × 시간으로 계산함
- 처음 2시간 동안 이동 거리는 4 × 2 = 8km임
- 다음 1시간 동안 이동 거리는 6 × 1 = 6km임
- 마지막 30분은 0.5시간이므로 이동 거리는 8 × 0.5 = 4km임
- 전체 이동 거리는 8 + 6 + 4 = 18km

15 학교까지의 거리는 6km이다. 갈 때는 시속 6km로 가고, 올 때는 시속 3km로 왔다. 전체 이동의 평균 속력으로 옳은 것은?

① 3km/h ② 3.5km/h

③ 4km/h ④ 4.5km/h

◢ 평균 속력 계산
- 평균 속력은 전체 이동 거리 ÷ 전체 이동 시간으로 계산함
- 총 이동 거리는 6km + 6km = 12km임
- 갈 때 걸린 시간은 6 ÷ 6 = 1시간임
- 올 때 걸린 시간은 6 ÷ 3 = 2시간임
- 전체 시간은 1 + 2 = 3시간이므로 평균 속력은 12 ÷ 3 = 4km/h임

16 어떤 일을 A는 6일, B는 3일에 끝낼 수 있다. 두 사람이 함께 일을 하면 며칠이 걸리는가?

① 1일 ② 2일

③ 3일 ④ 4일

◢ 일의 양 계산
- A가 하루에 하는 일의 양은 1/6임
- B가 하루에 하는 일의 양은 1/3임
- 함께 하루에 하는 일의 양은 1/6 + 1/3 = 1/6 + 2/6 = 3/6 = 1/2임
- 하루에 전체 일의 1/2을 하므로 전체 일을 끝내는 데 걸리는 시간은 2일임
- 따라서 두 사람이 함께 하면 2일이 걸림

17 문구점에서 펜 5자루의 가격이 3,000원이다. 같은 가격으로 펜 8자루와 공책 1권을 함께 샀더니 총 5,200원을 지불하였다. 이때 공책 1권의 가격으로 옳은 것은?

① 200원 ② 400원

③ 600원 ④ 800원

◢ 비례와 금액 계산

- 펜 1자루의 가격은 3,000 ÷ 5 = 600원임
- 펜 8자루의 가격은 600 × 8 = 4,800원임
- 펜 8자루와 공책 1권의 총 가격은 5,200원임
- 공책 가격은 5,200 − 4,800 = 400원임
- 따라서 공책 1권의 가격은 400원

18 소금물 10% 용액 200g과 20% 용액 100g을 섞어 하나의 소금물을 만들었다. 이때 혼합 용액의 농도로 옳은 것은?

① 13% ② 15%

③ 17% ④ 20%

◢ 소금물 농도 계산

- 소금의 양을 먼저 각각 구해 합한 뒤 전체 용액의 양으로 나누어 계산함
- 10% 용액 200g에 들어 있는 소금의 양은 200 × 0.10 = 20g임
- 20% 용액 100g에 들어 있는 소금의 양은 100 × 0.20 = 20g임
- 전체 소금의 양은 20 + 20 = 40g이고 전체 용액의 양은 200 + 100 = 300g임
- 농도는 40 ÷ 300 = 0.133… ≈ 13%

19 한 학생이 집에서 도서관까지 갈 때는 전동킥보드를 시속 30km로 이동하고, 도서관에서 집으로 올 때는 시속 20km로 이동한다. 갈 때 1시간이 걸렸다면 돌아올 때는 얼마의 시간이 걸리는가?

① 45분 ② 80분

③ 90분 ④ 120분

◢ 거리와 속력 관계

- 갈 때 속력은 시속 30km이고 1시간이 걸리므로 이동 거리는 30km임
- 돌아올 때도 같은 거리 30km를 이동함
- 돌아올 때 속력은 시속 20km이므로 시간은 거리 ÷ 속력으로 계산함
- 30 ÷ 20 = 1.5시간이므로 90분

✔ **14** ② **15** ③ **16** ② **17** ② **18** ① **19** ③

20 학교 매점에서는 1,500원짜리 음료와 2,000원짜리 샌드위치를 함께 묶은 간식 세트를 3,300원에 판매하고 있다. 한 학생이 매점에서 사용할 수 있는 돈이 30,000원일 때, 이 학생이 살 수 있는 간식 세트의 최대 개수는 몇 개인가?

① 7   ② 8

③ 9   ④ 10

최대 구매 세트 계산

- 간식 세트 1개의 가격은 3,300원임
- 가지고 있는 돈은 총 30,000원임
- 세트 수를 x라 하면 $3,300 \times x \leq 30,000$을 만족해야 함
- $30,000 \div 3,300 \approx 9$이므로 최대 9세트를 살 수 있음

21 둘레가 200m인 원형 산책로에 10m 간격으로 조명을 설치하려고 한다. 모두 몇 개의 조명이 필요한가?

① 19   ② 20

③ 21   ④ 22

원형 배열의 설치 개수

- 산책로의 전체 둘레 길이는 200m임
- 조명을 10m 간격으로 설치하므로 간격 수는 $200 \div 10 = 20$임
- 원형 구조에서는 시작 지점과 끝 지점이 같은 위치가 됨
- 따라서 필요한 조명의 총 개수는 20개

22 마이스터고 체험행사에서 학생들에게 간식 세트를 나누어 주려고 한다. 190원인 쿠키와 140원인 초콜릿을 한 세트로 구성할 때, 3,000원의 예산으로 가장 많이 나눌 경우 몇 명의 학생에게 배분할 수 있는가?

① 8명   ② 7명

③ 12명   ④ 9명

예산 내 최대 세트 수 계산

- 쿠키 190원과 초콜릿 140원을 합하면 한 세트 가격은 330원임
- 예산 3,000원으로 만들 수 있는 세트 수를 계산함
- $330 \times 9 = 2,970$으로 예산 이내이며 10세트는 3,300으로 예산을 초과함
- 따라서 최대 9세트를 만들 수 있으므로 9명의 학생에게 배분 가능

23 어느 학교에서 학생 전체의 평균 나이가 16세이다. 이 학교에서 남학생의 평균 나이는 17세이고, 여학생의 평균 나이는 14세라고 할 때, 남학생 수와 여학생 수의 비율은 얼마인가?

① 1 : 2 ② 2 : 1

③ 1 : 3 ④ 3 : 1

◢ 평균을 이용한 인원 비율 계산

- 남학생 수를 x명, 여학생 수를 y명이라고 두고 평균을 이용해 식을 세움
- 전체 평균은 16세이므로 전체 나이의 합은 16(x+y)로 표현됨
- 남학생 나이의 합은 17x, 여학생 나이의 합은 14y로 나타남
- 평균 관계식은 16(x+y) = 17x + 14y로 정리됨
- 이를 정리하면 x : y = 3 : 1이므로 남학생과 여학생의 비율은 3:1임

24 어떤 학생의 손목시계가 고장 나서 58분이 실제 1시간으로 표시된다. 이 시계를 1시에 정확하게 맞추어 놓았는데, 현재 시계에는 5시 30분으로 표시되어 있다. 이때 실제 시각은 얼마인가?

① 5시 00분 ② 5시 19분

③ 5시 21분 ④ 5시 30분

◢ 시계 오차를 이용한 실제 시간 계산

- 시계는 실제 60분 동안 58분만 흐른 것처럼 표시되는 시계임
- 시계 기준으로 1시부터 5시 30분까지는 4시간 30분이므로 270분 경과임
- 실제 시간 x분에 대해 시계 시간은 x × (58/60)으로 나타남
- 식은 x × (58/60) = 270으로 세울 수 있음
- 이를 풀면 x ≈ 279분이므로 실제 시간은 약 4시간 39분 후인 5시 21분임

25 마이스터고에 재학 중인 철수의 몸무게는 81kg이다. 철수는 건강 관리를 위해 매달 100g씩 몸무게를 줄이기로 계획하였다. 이 계획을 1년 반 동안 계속 실천한다면 철수의 몸무게는 몇 kg인가?

① 79.2kg ② 79.4kg

③ 79.6kg ④ 79.8kg

◢ 매달 감소하는 몸무게 계산

- 매달 100g은 0.1kg이므로 한 달에 0.1kg씩 감소함
- 1년 반은 18개월이므로 총 감소량은 0.1 × 18 = 1.8kg임
- 처음 몸무게가 81kg이므로 감소한 몸무게를 빼서 계산함
- 81 − 1.8 = 79.2kg으로 계산됨

26 마이스터고 화학 실습 시간에 1000g의 실험 시료가 준비되어 있다. 이 시료는 반응이 한 번 일어날 때마다 양이 절반으로 줄어드는 특성이 있다. 첫 번째 반응을 거치면 500g이 되고, 두 번째 반응을 거치면 250g이 된다. 이 경우 열 번의 반응을 거치면 시료는 몇 g이 되는가?

① 10g

② 1g

③ 0.98g

④ 0.5g

◢ **반응에 따른 양의 감소 계산**

- 반응이 한 번 일어날 때마다 양이 절반으로 감소하는 구조임
- n번 반응 후 남는 양은 처음 양 × $(1/2)^n$형태로 표현됨
- 처음 양이 1000g이고 반응이 10번 일어나므로 1000 × $(1/2)^{10}$으로 계산함
- $(1/2)^{10}$ = 1/1024이므로 계산 결과는 약 0.98g임
- 따라서 열 번의 반응 후 남는 시료의 양은 약 0.98g임

27 어떤 전자상가에서 원가가 10만 원인 무선 이어폰에 이윤을 40% 추가하여 정가를 정하였다. 그러나 오랫동안 팔리지 않아 정가의 20%를 할인하여 판매하였다. 이때 이 무선 이어폰을 얼마에 팔았는가?

① 111,000원

② 112,000원

③ 120,000원

④ 121,000원

◢ **이윤과 할인 가격 계산**

- 원가가 10만 원이고 이윤 40%를 붙이면 정가는 10만 × 1.4 = 14만 원임
- 판매 시 정가의 20%를 할인하므로 실제 판매가는 정가의 80%임
- 따라서 판매가는 14만 × 0.8 = 11.2만 원으로 계산됨
- 이를 원 단위로 나타내면 112,000원임

28 어느 학교에서 학생 수가 4월에 20% 감소하고, 5월에 25% 증가하였다. 4월 초와 5월 초의 학생 수가 같다고 할 때, 4월 초와 5월 말의 학생 수를 비교하면 옳은 것은 무엇인가?

① 5% 오름

② 같다

③ 5% 미만으로 내림

④ 5% 이상 내림

◢ **연속된 증감 비율 계산**

- 4월 초의 학생 수를 A라고 두고 계산함
- 4월에 20% 감소하면 5월 초의 학생 수는 A × (1 − 0.2) = 0.8A가 됨
- 5월에 25% 증가하면 5월 말의 학생 수는 0.8A × (1 + 0.25)로 계산됨
- 계산하면 0.8A × 1.25 = A가 되어 처음 수와 같아짐
- 따라서 4월 초와 5월 말의 학생 수는 서로 같음

29 어느 창고에 의자와 스툴이 함께 놓여 있다. 의자는 다리가 4개이고 스툴은 다리가 2개이다. 전체 물건의 수는 22개이고, 다리의 수는 모두 72개이다. 이때 스툴은 몇 개인가?

① 8개 ② 10개

③ 12개 ④ 14개

🔶 **물건 수와 다리 수를 이용한 계산**

- 의자는 다리가 4개이고 스툴은 다리가 2개임
- 의자 수를 x개, 스툴 수를 y개라 하면 $x + y = 22$임
- 다리 수로 식을 세우면 $4x + 2y = 72$임
- 두 번째 식을 2로 나누면 $2x + y = 36$이 됨
- 두 식을 이용해 계산하면 $x = 14$, $y = 8$이므로 스툴은 8개임

30 과학 실험 시간에 5% 농도의 소금물 320g이 준비되어 있다. 여기에 소금 80g을 추가로 넣어 완전히 섞었다. 이때 새로 만들어진 소금물의 농도는 몇 %인가?

① 18% ② 20%

③ 22% ④ 24%

🔶 **소금물 농도 계산**

- 5% 소금물 320g에는 소금이 $320 \times 0.05 = 16g$ 들어 있음
- 여기에 소금 80g을 추가하면 전체 소금의 양은 $16 + 80 = 96g$이 됨
- 전체 용액의 양은 $320 + 80 = 400g$이 됨
- 소금물의 농도는 $(96 / 400) \times 100$으로 계산함
- 계산하면 24%이므로 새로 만들어진 소금물의 농도는 24%임

31 도서관 자료 정리를 위해 하루 동안 직원 10명이 5시간씩 작업하면 8일이 걸리는 일이 있다. 매일 8시간씩 10명이 작업을 하면 이 일을 끝내는 데 며칠이 걸리겠는가?

① 5일 ② 8일

③ 10일 ④ 12일

🔶 **일의 양 일정 관계**

- 전체 작업량은 사람 수 × 작업 시간 × 작업 일수로 계산함
- 처음 조건에서 전체 작업량은 $10 \times 5 \times 8 = 400$임
- 매일 10명이 8시간씩 x일 작업한다고 하면 $10 \times 8 \times x = 400$임
- 이를 정리하면 $x = 5$이므로 필요한 기간은 5일

32 어떤 저수조를 물로 가득 채우는 데 A 펌프는 5분, B 펌프는 10분이 걸린다. A, B 펌프를 동시에 작동시키면 몇 분 만에 저수조가 가득 차겠는가?

① 3분
② 3분 15초
③ 3분 20초
④ 3분 30초

작업 속도 합산
- A 펌프는 1분에 저수조의 1/5을 채우고 B 펌프는 1분에 1/10을 채움
- 두 펌프를 동시에 작동시키면 1분에 채우는 양은 1/5 + 1/10 = 3/10임
- 저수조 전체를 채우는 데 걸리는 시간은 1 ÷ (3/10) = 10/3분임
- 10/3분은 3분 20초

33 한 물류센터에서 자동 운반 로봇 4대가 400m 구간의 물품을 순차적으로 운반하려 한다. 각 로봇은 정지 상태에서 출발하면 100m를 10초에 이동한다. 그러나 앞 로봇의 이동을 이어받아 이미 속도를 낸 상태에서 출발하면 100m를 9초에 이동할 수 있다. 이 네 대의 로봇이 400m 구간을 순차적으로 운반하는 데 걸리는 시간은 몇 초로 예상되는가?

① 36초
② 37초
③ 38초
④ 39초

연속 구간 이동 시간
- 첫 번째 로봇은 정지 상태에서 출발하므로 100m를 10초에 이동함
- 두 번째 로봇부터는 이미 속도를 낸 상태에서 출발하므로 각각 100m를 9초에 이동함
- 전체 이동 시간은 10 + 9 + 9 + 9로 계산됨
- 따라서 총 이동 시간은 37초

34 한 중학생이 학습용 기기를 구입하려고 한다. 준비한 예산으로 태블릿만 구입하면 30대를 살 수 있고, 전자사전만 구입하면 18대를 살 수 있다. 만약 전자사전을 6대 구입하고 남은 예산으로 태블릿을 구입한다면 태블릿은 몇 대를 구입할 수 있는가?

① 10대
② 15대
③ 18대
④ 20대

예산 비율 계산
- 전체 예산을 1로 두면 전자사전 1대의 가격은 1/18임
- 태블릿 1대의 가격은 1/30임
- 전자사전 6대를 구입하면 사용한 예산은 6 × (1/18) = 1/3임
- 남은 예산은 1 − 1/3 = 2/3이며 이를 태블릿 가격으로 나누면 (2/3) ÷ (1/30) = 20

35 어느 학교의 두 학생인 민수와 지훈은 지난달 학교 매점에서 판매한 간식 쿠폰을 합해서 25장을 판매하였다. 이번 달에는 민수의 판매량은 지난달에 비해 30% 증가하고, 지훈의 판매량은 40% 감소하였다. 두 사람이 이번 달에 판매한 쿠폰 수의 합은 지난달에 비해 12% 감소하였다. 이번 달 민수의 판매량은 얼마인가?

① 11장　　　　　　　　　② 12장

③ 13장　　　　　　　　　④ 15장

🔊 **연립방정식 활용 판매량 계산**
- 민수의 지난달 판매 수를 x, 지훈의 지난달 판매 수를 y라 하면 x + y = 25임
- 이번 달 민수의 판매량은 30% 증가이므로 1.3x임
- 이번 달 지훈의 판매량은 40% 감소이므로 0.6y임
- 두 사람의 이번 달 판매 합계는 지난달보다 12% 감소이므로 25 × 0.88 = 22임
- 따라서 1.3x + 0.6y = 22와 x + y = 25를 풀면 x = 13

36 ○○ 마이스터고의 학교 매점에서 한 학생이 1,000원짜리 빵을 사면서 10,000원짜리 지폐를 냈다. 잔돈이 없었던 매점 직원은 옆 학교 문구점에 가서 돈을 바꿔 9,000원을 거슬러 주었다. 그런데 나중에 그 지폐가 위조지폐라는 사실이 밝혀졌다. 매점 직원은 문구점 주인에게 위조지폐 대신 10,000원을 다시 물어주었다. 그렇다면 매점 직원이 손해 본 금액은 얼마인가?

① 9,000원　　　　　　　　② 10,000원

③ 20,000원　　　　　　　　④ 손해 보지 않았다

🔊 **위조지폐 거래 손해 계산**
- 학생은 10,000원짜리 위조지폐로 1,000원짜리 빵을 구매함
- 매점 직원은 문구점에서 10,000원을 바꾸어 학생에게 9,000원을 거슬러 주었음
- 이후 위조지폐가 밝혀져 문구점 주인에게 10,000원을 다시 돌려주었음
- 결과적으로 빵 값 1,000원과 거스름돈 9,000원을 잃게 되어 총 손해는 10,000원임

37 전체 학생이 200명인 학교에서 남학생이 120명일 때, 남학생의 비율로 옳은 것은?

① 55%　　　　　　　　　② 60%

③ 65%　　　　　　　　　④ 70%

🔊 **비율 계산**
- 비율은 전체 중 해당 수가 차지하는 비를 백분율로 나타낸 값임
- 남학생 비율은 남학생 수 ÷ 전체 학생 수로 계산함
- 120 ÷ 200 = 0.6임
- 이를 백분율로 나타내면 0.6 × 100 = 60%임
- 따라서 남학생의 비율은 60%

38 PM 19:00에 한 손님이 소고기 400g의 가격을 묻자 직원이 답변하려 한다. 다음 중 직원의 답변으로 옳은 것은?

> 매장 안내판에는 다음과 같이 표시되어 있다.
> - 소고기 : 100g당 2,000원
> - 마감 할인 : 18:30 ~ 20:00 (50% 할인)

① 소고기 400g의 정상 가격은 8,000원이므로 할인 가격은 6,000원입니다.

② 소고기는 100g당 2,000원이므로 400g의 가격은 8,000원입니다.

③ 소고기 400g의 정상 가격은 8,000원이지만 현재 50% 할인되어 4,000원입니다.

④ 소고기 400g은 마감 할인 상품이므로 모두 2,000원에 판매합니다.

할인 가격 계산
- 소고기 가격은 100g당 2,000원임
- 400g 가격은 2,000원 × 4 = 8,000원임
- 마감 할인 시간(18:30 ~ 20:00)에 해당하므로 50% 할인 적용함
- 8,000원 × 0.5 = 4,000원

39 한 중학교에서 고등학교 진학 희망을 조사하였다. 전체 학생은 60명이며, 이 중 A마이스터고 지원 희망 학생은 20명, B마이스터고 지원 희망 학생은 24명이다. 두 학교 모두 지원을 희망하는 학생이 5명일 때, 두 학교 모두 지원하지 않는 학생의 수는 얼마인가?

① 16   ② 19

③ 21   ④ 23

포함·배제 원리
- A마이스터고 지원 희망 학생은 20명, B마이스터고 지원 희망 학생은 24명임
- 두 학교 모두 지원 희망 학생은 5명이므로 중복을 한 번 제외함
- 두 학교 중 하나 이상 지원 학생 수는 20 + 24 − 5 = 39명임
- 전체 60명에서 39명을 제외하면 60 − 39 = 21명

40 어느 학교에서 동아리 활동을 위해 학생들을 조로 나누려고 한다. 4명씩 한 조로 편성하면 1명이 남고, 5명씩 한 조로 편성하면 2명이 남으며, 6명씩 한 조로 편성하면 3명이 남는다. 이때, 이 학교의 학생 수로 옳은 것은?

① 57명　　　　　　　　② 58명

③ 59명　　　　　　　　④ 60명

🔹 **나머지 조건을 이용한 수 찾기**
- 학생 수를 N이라 하면 N을 4로 나누면 나머지가 1임
- N을 5로 나누면 나머지가 2이고 N을 6으로 나누면 나머지가 3임
- $57 \div 4 = 14 \cdots 1$, $57 \div 5 = 11 \cdots 2$, $57 \div 6 = 9 \cdots 3$임
- 모든 조건을 만족하는 수는 57

41 어느 마이스터고 기숙사에서 생활 점검을 위해 학생들을 번호순으로 6명씩 정해 매일 월요일부터 토요일까지 교대로 당번을 맡긴다. 첫째 주 월요일에는 1번부터 6번까지 당번을 맡았고, 중간에 휴일은 없다고 한다. 처음과 같은 학생들이 다시 함께 당번을 맡게 되는 때는 몇 주째 무슨 요일인가?

① 90주째 월요일　　　　② 90주째 화요일

③ 91주째 월요일　　　　④ 89주째 토요일

🔹 **순환 주기 계산**
- 하루에 6명씩 당번을 맡으므로 번호는 매일 6씩 증가함
- 전체 학생 수는 45명이므로 같은 조합이 다시 나타나려면 6n이 45의 배수가 되어야 함
- 최소값은 $6n = 270$이므로 $n = 45$일임
- 이러한 순환이 반복되어 처음과 완전히 같은 상태가 되는 시점은 540일 후임
- 540일은 6일 기준 90주가 되므로 다시 월요일이 됨

42 어느 학교에서 학생들에게 초콜릿 110개와 사탕 140개를 똑같이 나누어 주려고 한다. 나누어 주었더니 초콜릿은 2개가 남고 사탕은 4개가 부족하였다. 이때 학생 수는 얼마인가?

① 24명　　　　　　　　② 30명

③ 36명　　　　　　　　④ 40명

🔹 **나머지와 부족 조건 이용**
- 학생 수를 N이라 하면 초콜릿은 2개가 남으므로 $110 = N \times a + 2$임
- 따라서 N은 $110 - 2 = 108$의 약수임
- 사탕은 4개가 부족하므로 $140 = N \times b - 4 \rightarrow 144 = N \times b$가 됨
- 즉 N은 108과 144의 공약수 중 하나임
- 108과 144의 공약수 중 조건을 만족하는 값은 36

43 어느 마이스터고에서 두 동아리가 정기 활동을 한다. 로봇동아리는 4일마다 활동을 하고, 드론동아리는 6일마다 활동을 한다. 어느 일요일에 두 동아리가 동시에 활동을 했다고 할 때, 두 동아리가 다시 일요일에 함께 활동하게 되는 것은 며칠 후인가?

① 48일

② 72일

③ 84일

④ 96일

최소공배수 이용

- 로봇동아리는 4일마다, 드론동아리는 6일마다 활동함
- 두 동아리가 동시에 활동하는 주기는 4와 6의 최소공배수인 12일임
- 다시 일요일에 만나려면 7일의 배수 조건도 만족해야 함
- 12와 7의 공배수 중 가장 작은 값은 84임
- 따라서 84일 후 다시 일요일에 함께 활동하게 됨

02 문자와 식

44 ○○ 지역의 과일 판매점에서는 여러 종류의 과일을 묶음 단위로 판매하고 있다. 이 가게에서는 귤을 5개에 5000원, 감을 4개에 4000원에 판매한다. 어느 손님이 이 가게에서 귤 3개와 감 5개를 구입하려고 한다. 과일의 가격은 개수에 비례하여 계산한다고 할 때, 이 손님이 구입한 과일의 총 가격은 얼마인가?

① 7000원

② 7500원

③ 8000원

④ 8500원

과일 가격 계산

- 귤은 5개에 5000원이므로 귤 1개의 가격은 1000원임
- 귤 3개의 가격은 3×1000=3000원임
- 감은 4개에 4000원이므로 감 1개의 가격은 1000원임
- 감 5개의 가격은 5×1000=5000원이므로 전체 가격은 3000+5000=8000원임

45 ○○ 마이스터고등학교의 실습 재료 판매 코너에서는 실습에 사용하는 전자부품 한 개의 가격이 700원이다. 한 학생이 실습 수업 준비를 위해 전자부품 3개를 구입하고 계산대에서 5000원을 냈다. 이때 이 학생이 돌려받게 되는 거스름돈은 얼마인가?

① 2,600원

② 2,700원

③ 2,800원

④ 2,900원

🔹 **거스름돈 계산**

- 전자부품 한 개의 가격은 700원임
- 전자부품 3개의 값은 700×3=2100원임
- 5,000원을 냈으므로 거스름돈은 낸 돈에서 물건 값을 뺀 값임
- 따라서 거스름돈은 5,000-2,100=29,00원임

46 한 공기업의 작년도 신규 채용 인원은 여성 직원이 남성 직원보다 40명이 많았다. 올해 여성 직원 채용 인원은 10% 증가하고 남성 직원 채용 인원은 10% 감소하여 총 1600명이 채용되었다. 작년도 이 공기업의 총 채용 인원은 얼마인가?

① 1,590명　　　　　　　　　② 1,592명

③ 1,596명　　　　　　　　　④ 1,600명

🔹 **증감률을 이용한 인원 관계**

- 작년도 남성 직원 수를 x명이라 하면 여성 직원 수는 x + 40명임
- 올해 남성 직원 수는 10% 감소하므로 0.9x명, 여성 직원 수는 10% 증가하므로 1.1(x + 40)명임
- 올해 총 채용 인원은 0.9x + 1.1(x + 40) = 1,600임
- 이를 정리하면 x = 780이므로 작년도 총 채용 인원은 780 + 820 = 1,600명

47 한 택배 차량이 물류센터에서 지역 배송지까지 시속 80km로 이동하면 6시간이 걸린다. 같은 거리를 시속 100km로 이동하면 몇 시간이 걸리겠는가?

① 4시간 50분　　　　　　　　② 4시간 48분

③ 4시간 36분　　　　　　　　④ 4시간 30분

🔹 **거리·속력·시간 관계**

- 물류센터에서 배송지까지의 거리는 일정하므로 속력 × 시간으로 계산함
- 시속 80km로 6시간 이동하므로 전체 거리는 80 × 6 = 480km임
- 같은 거리를 시속 100km로 이동하면 걸리는 시간은 480 ÷ 100 = 4.8시간임
- 0.8시간은 48분이므로 총 이동 시간은 4시간 48분

✔ 43 ③ 44 ③ 45 ④ 46 ④ 47 ②

48 ○○ 마이스터고 자동차과 실습실에는 3개의 바퀴가 달린 이동 장비와 4개의 바퀴가 달린 실습용 카트가 있다. 실습실에 있는 장비의 수는 모두 합쳐 25대이며, 바퀴의 개수는 모두 합쳐 95개이다. 이때 4개의 바퀴가 달린 실습용 카트는 모두 몇 대인가?

① 5대　　　　　　　　② 10대
③ 15대　　　　　　　　④ 20대

◀ 연립방정식 활용

- 바퀴 3개 장비의 수를 x대, 바퀴 4개 실습 카트를 y대라고 둠
- 전체 장비 수는 $x + y = 25$임
- 바퀴 수는 $3x + 4y = 95$임
- $x = 25 - y$를 대입하면 $3(25 - y) + 4y = 95$가 됨
- 계산하면 $y = 20$이므로 실습용 카트는 20대

49 어느 농장에서 닭과 염소를 합해 모두 17마리를 기르고 있다. 이때 다리 수의 합이 48개라면 염소는 모두 몇 마리인가?

① 6마리　　　　　　　　② 7마리
③ 8마리　　　　　　　　④ 9마리

◀ 연립방정식 활용

- 닭의 수를 x마리, 염소의 수를 y마리라고 둠
- 전체 마리 수는 $x + y = 17$임
- 닭은 다리 2개, 염소는 다리 4개이므로 $2x + 4y = 48$임
- $x = 17 - y$를 대입하면 $2(17 - y) + 4y = 48$이 됨
- 이를 정리하면 $y = 7$이므로 염소는 7마리

50 한 마이스터고 기계과 실습실에서 1개에 100원 하는 볼트와 1개에 120원 하는 너트를 구입하여 모두 2600원을 지불하였다. 이때 볼트의 개수는 너트의 개수의 4배이다. 이 실습실에서 구입한 볼트의 개수는 몇 개인가?

① 5개　　　　　　　　② 10개
③ 15개　　　　　　　　④ 20개

◀ 연립방정식 활용

- 볼트의 개수를 x개, 너트의 개수를 y개라고 둠
- 볼트의 개수는 너트의 4배이므로 $x = 4y$임
- 전체 비용은 $100x + 120y = 2600$임
- $x = 4y$를 대입하면 $100(4y) + 120y = 2600$이 됨
- 이를 정리하면 $y = 5$, $x = 20$이므로 볼트는 20개

51 마이스터고 체험 프로그램에서 학생들에게 실습 재료를 나누어 주기 위해 40원짜리 부품과 60원짜리 부품을 합하여 30개를 구입하였다. 총 1,420원을 지불했을 때, 40원짜리 부품은 몇 개 구입하였는가?

① 14개 ② 17개

③ 19개 ④ 15개

연립방정식 계산

- 40원짜리 부품 수를 x, 60원짜리 부품 수를 y로 둠
- 전체 개수 조건은 x + y = 30임
- 전체 금액 조건은 40x + 60y = 1420임
- x + y = 30에서 y = 30 − x를 대입하여 계산함
- 40x + 60(30 − x) = 1420을 풀면 x = 19

03 함수와 자료 해석

52 다음 중에서 계산 결과가 나머지 넷과 다른 하나는?

① $x^4 \times x^5$ ② $x^{10} \div x^2 \times x$

③ $(x^3)^3$ ④ $x^{15} \div x^8 \div x^2$

지수법칙 계산

- ① $x^4 \times x^5 = x^{(4+5)} = x^9$임
- ② $x^{10} \div x^2 \times x = x^{(10-2+1)} = x^9$임
- ③ $(x^3)^3 = x^{(3\times3)} = x^9$임
- ④ $x^{15} \div x^8 \div x^2 = x^{(15-8-2)} = x^5$로 다른 결과임

53 $(3x^{2}y^{3})^3 \div (xy^2)^4 = ax^b y^c$일 때, 세 자연수 a, b, c의 합 a + b + c의 값을 구하시오.

① 27 ② 28

③ 29 ④ 30

🔺 **지수법칙 계산**

- $(3x^{2}y^{3})^{3} = 3^{3}x^{(2\times3)}y^{(3\times3)} = 27x^{6}y^{9}$ 임
- $(xy^{2})^{4} = x^{4}y^{8}$ 임
- 전체 식은 $27x^{6}y^{9} \div x^{4}y^{8} = 27x^{(6-4)}y^{(9-8)}$ 임
- 따라서 $27x^{2}y$가 되어 a = 27, b = 2, c = 1임
- a + b + c = 27 + 2 + 1 = 30

54 어느 학생이 집에서 6 km 떨어진 도서관까지 이동하려고 한다. 학생은 먼저 걸어서 출발하였고, 보호자는 학생이 출발한 지 10분 후에 자전거를 타고 뒤따라 출발하였다. 오른쪽 그래프는 학생이 출발한 지 x분 후에 보호자가 이동한 거리 y(km)를 나타낸 것이다. 보호자가 출발하여 집에서 3 km 떨어진 곳까지 가는 데 걸린 시간은 얼마인가?

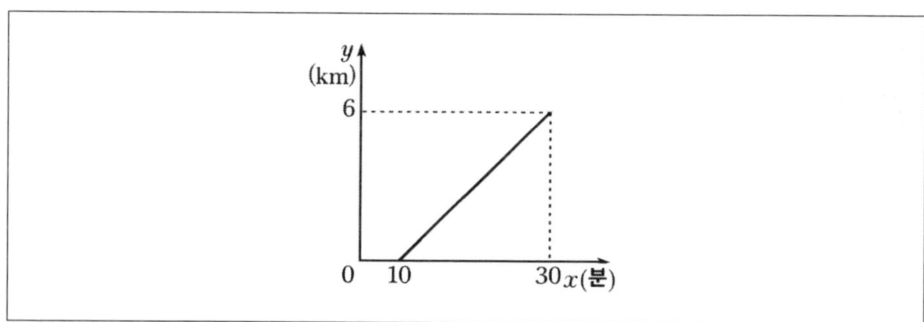

① 8분　　　　　② 10분

③ 15분　　　　　④ 20분

🔺 **일차함수 그래프 해석**

- 그래프가 두 점 (10, 0), (30, 6)을 지나므로 기울기는 (6-0) ÷ (30-10) = 6 ÷ 20 = 0.3임
- 이동 거리 y와 시간 x의 관계식은 y = 0.3x + b 형태임
- 점 (10, 0)을 대입하면 0 = 0.3×10 + b이므로 b = −3 → y = 0.3x − 3임
- 집에서 3 km 떨어진 지점은 y = 3이므로 3 = 0.3x − 3 → x = 20임
- 보호자는 학생 출발 후 10분 뒤 출발하였으므로 실제 이동 시간은 20 − 10 = 10분임

55 고층 빌딩의 어느 엘리베이터가 150 m 높이에서 출발하여 매초 3 m의 속력으로 멈추지 않고 내려온다고 한다. 출발한 지 x초 후에 지상으로부터 엘리베이터까지의 높이를 y m라고 할 때, 엘리베이터의 높이가 60 m인 지점에 이르는 때는 출발한 지 몇 초 후인지 구하시오.

① 20초　　　　　② 25초

③ 30초　　　　　④ 35초

🔹 **일차함수 관계식**

- 엘리베이터는 150 m 높이에서 매초 3 m씩 내려오므로 높이 변화는 일정함
- 시간 x초 후의 높이 y는 $y = 150 - 3x$ 관계식으로 나타남
- 높이가 60 m일 때를 구하면 $60 = 150 - 3x$임
- $3x = 90 \rightarrow x = 30$임
- 따라서 출발한 지 30초 후에 높이가 60 m가 됨

56 교사와 네 명의 학생이 원탁에 둘러앉아 토론을 할 때, 두 교사가 서로 이웃해서 앉을 확률은?

① 1/5   ② 1/4

③ 1/3   ④ 1/2

🔹 **원탁 배열 확률**

- 두 교사를 하나의 묶음으로 보면 전체 배열은 4명이 원탁에 앉는 경우와 같음
- 원탁에서 4명이 앉는 경우의 수는 $(4-1)! = 6$임
- 두 교사가 서로 이웃한 경우는 교사의 자리 순서를 고려하여 $2 \times (3-1)! = 4$임
- 따라서 확률은 $4 / 8 = 1/2$

57 한 마이스터고에서 실습동으로 올라가는 통로가 5개 있다. 학생이 올라갈 때와 다른 통로를 이용하여 내려온다고 할 때, 가능한 이동 방법은 모두 몇 가지인가?

① 4가지   ② 9가지

③ 16가지   ④ 20가지

🔹 **경우의 수 계산**

- 올라갈 때 선택할 수 있는 통로는 5가지임
- 내려올 때는 올라갈 때와 다른 통로를 선택해야 하므로 4가지임
- 올라가는 경우와 내려오는 경우를 곱하여 전체 경우의 수를 구함
- 따라서 가능한 이동 방법은 $5 \times 4 = 20$가지

58 한 학생이 두 개의 스위치(각각 ON/OFF)와 6단계 속도 조절 다이얼이 있는 기계를 동시에 설정하려고 한다. 모든 설정을 한 번에 정할 때 가능한 경우의 수는?

① 10가지   ② 14가지

③ 24가지   ④ 28가지

M·E·M·O

◤ **경우의 수 계산**

- 각 스위치는 ON 또는 OFF의 2가지 상태를 가짐
- 두 개의 스위치는 각각 독립적으로 선택되므로 2 × 2 = 4가지 경우임
- 속도 조절 다이얼은 1~6까지 6가지 단계가 있음
- 따라서 전체 경우의 수는 2 × 2 × 6 = 24가지

59 한 중·고등학생들이 이용하는 학교 통학 셔틀버스 노선에는 총 10개의 정류장이 있다. 학생들이 버스를 이용할 때에는 어느 정류장에서 타서 어느 정류장에서 내리는지가 표시된 승차권이 발급된다. 이때 출발 정류장과 도착 정류장을 구분하여 표시하는 승차권은 모두 몇 가지를 준비해야 하는가?(단, 같은 정류장에서 타고 내리는 경우는 없으며, 왕복 구분은 하지 않는다)

① 10가지　　　　　　　　　　② 30가지

③ 90가지　　　　　　　　　　④ 180가지

◤ **출발 정류장과 도착 정류장의 경우의 수**

- 출발 정류장은 전체 10개 정류장 중에서 1곳을 선택하는 경우임
- 출발 정류장이 정해지면 도착 정류장은 같은 정류장을 제외한 9곳 중에서 선택함
- 출발과 도착은 순서가 있는 경우이므로 순열의 형태로 계산함
- 가능한 경우의 수는 10 × 9 = 90가지임

60 ○○ 중학교에서 학교 축제 운영 도우미를 선발하려고 한다. 지원한 학생은 남학생 6명과 여학생 4명이며, 이 가운데 남학생 3명과 여학생 2명을 뽑아 운영팀을 구성하려고 한다. 이때 운영 도우미를 선발하는 경우의 수는 모두 몇 가지인가?

① 24가지　　　　　　　　　　② 48가지

③ 96가지　　　　　　　　　　④ 120가지

◤ **조합을 이용한 선발 경우의 수**

- 남학생 6명 중에서 3명을 뽑는 경우의 수는 $C(6,3)$ = 20가지임
- 여학생 4명 중에서 2명을 뽑는 경우의 수는 $C(4,2)$ = 6가지임
- 남학생 선발과 여학생 선발은 서로 독립적인 선택임
- 전체 경우의 수는 곱의 법칙에 따라 20 × 6 = 120가지임

61 한 마이스터고등학교에서는 학생 실습용 장비에 관리 번호를 부여하여 운영하고 있다. 장비의 관리 번호는 1번부터 15번까지이며, 실습 수업을 위해 학생이 이 장비들 중 임의로 1개의 장비를 선택하게 되었다. 이때 선택된 장비의 관리 번호가 소수일 경우의 수는 몇 가지인가?

① 3가지　　　　　　　　　　② 4가지

③ 5가지　　　　　　　　　　④ 6가지

소수의 개수
- 소수는 1과 자기 자신만을 약수로 가지는 자연수임
- 1부터 15까지의 자연수 중 소수는 2, 3, 5, 7, 11, 13임
- 따라서 소수에 해당하는 번호의 개수는 총 6개임
- 관리 번호가 소수인 장비가 선택되는 경우의 수는 6가지

62 ○○ 공공도서관에서는 열람 좌석에 1번부터 10번까지의 좌석 번호를 부여하여 운영하고 있다. 어느 날 이용자가 입실하면서 비어 있는 좌석 중에서 임의로 1개의 좌석을 선택하여 앉으려고 한다. 이때 선택된 좌석의 번호가 3 이하이거나 또는 7 이상인 번호일 경우의 수는 몇 가지인가?

① 5가지　　　　　　　　　　② 6가지

③ 7가지　　　　　　　　　　④ 8가지

경우의 수 계산
- '또는'이라는 조건이 있으므로 각각의 경우의 수를 더하는 합의 법칙을 적용함
- 3 이하의 수는 1, 2, 3이므로 경우의 수는 3가지임
- 7 이상의 수는 7, 8, 9, 10이므로 경우의 수는 4가지임
- 따라서 3 이하 또는 7 이상의 수가 나올 경우의 수는 3+4=7가지

63 한 학교에서 기념 촬영을 위해 학생들이 일렬로 서서 사진을 찍으려고 한다. 촬영 대상은 담임교사 2명과 학생 4명으로 이루어진 총 6명이며, 모든 사람은 한 줄로 나란히 서게 된다. 이때 두 담임교사가 서로 이웃하여 서도록 하는 경우의 수는 몇 가지인가?

① 12가지　　　　　　　　　　② 13가지

③ 14가지　　　　　　　　　　④ 15가지

두 사람이 이웃하는 경우
- 두 담임교사가 서로 이웃하여 서는 경우를 먼저 고려함
- 두 교사가 서로 자리를 바꾸는 경우는 2가지임
- 두 교사를 제외한 나머지 4명이 설 수 있는 경우는 3×2×1=6가지임
- 따라서 두 교사가 이웃하여 서는 경우의 수는 6×2=12가지

59 ③ 60 ④ 61 ④ 62 ③ 63 ①

64 한 학교에서는 학생 자치 활동을 위해 학급 대표 학생 2명을 선발하려고 한다. 후보자는 총 5명의 학생이며, 이들 중에서 서로 같은 자격을 가진 대표 학생 2명을 선발하게 된다. (이때 선발되는 두 학생의 순서는 고려하지 않음) 이와 같은 조건에서 5명의 학생 중에서 2명의 대표를 선발하는 경우의 수는 몇 가지인가?

① 7가지　　　　　　　　② 8가지

③ 9가지　　　　　　　　④ 10가지

2명을 뽑는 경우

- 자격이 같은 2명을 뽑는 경우는 순서에 관계가 없음
- 따라서 자격이 서로 다른 경우의 수를 구한 뒤 2로 나누어 계산함
- 5명 중에서 자격이 다른 경우의 수는 5×4임
- 따라서 경우의 수는 (5×4)/2=10가지임

65 ○○ 마이스터고에서 진행하는 체육 활동 이벤트에서 두 개의 번호 공이 들어 있는 통에서 각각 1부터 6까지의 숫자가 적힌 공을 동시에 하나씩 꺼내 점수를 정하는 방식을 사용한다. 두 공에 적힌 숫자의 합이 해당 학생의 점수가 되며, 활동 결과에 따라 보너스 점수가 주어진다. 이때 두 공에 적힌 숫자의 합이 4 또는 5가 되는 경우의 수는 몇 가지인가?

① 5가지　　　　　　　　② 6가지

③ 7가지　　　　　　　　④ 8가지

눈의 합이 4 또는 5인 경우

- 눈의 합이 4가 되는 경우는 (1,3), (2,2), (3,1)의 3가지임
- 눈의 합이 5가 되는 경우는 (1,4), (2,3), (3,2), (4,1)의 4가지임
- '또는' 조건이므로 두 경우의 수를 더함
- 따라서 3+4=7가지

66 ○○ 중학교에는 학생들이 학용품을 구매할 수 있는 자판기가 설치되어 있다. 이 자판기에는 50원짜리 스티커, 100원짜리 연필, 200원짜리 지우개가 판매되고 있다. 한 학생이 이 세 가지 물품을 각각 최소 한 개 이상씩 포함하여 구매하려고 하며, 구매한 물품의 총 금액이 정확히 1000원이 되도록 하려고 한다. 이때 세 종류의 물품을 섞어 총 금액이 1000원이 되도록 구매하는 방법의 수는 몇 가지인가?

① 8가지　　　　　　　　② 12가지

③ 14가지　　　　　　　　④ 16가지

🔖 **물품 조합의 경우**

- 50원짜리 스티커, 100원짜리 연필, 200원짜리 지우개를 각각 x, y, z개 산다고 하면
- $50x+100y+200z=1000 → x+2y+4z=20$
- x, y, z는 1보다 크거나 같은 자연수이므로 이를 만족하는 정수해를 구함
- z의 값에 따라 가능한 경우를 나누어 계산하면 (z=1일 때 7가지, z=2일 때 5가지, z=3일 때 3가지, z=4일 때 1가지)
- 따라서 구하는 방법의 수는 7+5+3+1=16가지

67 한 고등학교에서 학생회 활동 사진을 촬영하기 위해 학생들을 일렬로 세우려고 한다. 촬영 대상은 민수, 지훈, 서연, 도윤, 하린의 5명이며, 사진 촬영을 위해 한 줄로 나란히 서도록 배치한다. 이때 민수, 지훈, 서연 세 학생은 서로 가까이 서서 한 줄의 연속된 위치에 있도록 배치하려고 한다. 이와 같은 조건에서 민수, 지훈, 서연이 서로 이웃하여 서는 경우의 수는 몇 가지인가?

① 18가지　　　　　　　② 24가지

③ 36가지　　　　　　　④ 48가지

🔖 **세 사람이 이웃하는 경우**

- 민수, 지훈, 서연을 한 묶음으로 생각하여 일렬로 세우는 경우의 수는 3×2×1=6가지임
- 민수, 지훈, 서연이 일렬로 서는 경우의 수는 3×2×1=6가지임
- 따라서 구하는 경우의 수는 6×6=36가지임

68 한 중학교의 미술 동아리에서는 포스터 제작 활동을 위해 사용할 색상 조합을 정하려고 한다. 동아리에는 빨강, 주황, 노랑, 초록, 파랑의 5가지 물감 색상이 준비되어 있으며, 학생들은 이 가운데 서로 다른 3가지 색을 선택하여 하나의 색상 조합을 만들려고 한다. 이때 선택하는 순서는 고려하지 않는다. 이와 같은 조건에서 5가지 색 중 서로 다른 3가지 색을 선택하는 경우의 수는 몇 가지인가?

① 5가지　　　　　　　② 10가지

③ 15가지　　　　　　　④ 20가지

🔖 **색을 선택하는 경우**

- 5가지 색 중에서 3가지를 차례로 뽑는 경우의 수는 5×4×3=60가지임
- 그런데 빨강, 주황, 노랑을 뽑는 경우의 수는 (빨, 주, 노), (빨, 노, 주), (주, 빨, 노), (주, 노, 빨), (노, 빨, 주), (노, 주, 빨)로 6가지씩 중복됨
- 따라서 같은 조합이 6번씩 반복되므로 60÷6으로 계산함
- 따라서 구하는 경우의 수는 60÷6=10가지임

✓ **64** ④ **65** ③ **66** ④ **67** ③ **68** ②

69 ○○ 마이스터고에서 학생 참여 이벤트를 위해 추첨 상자를 준비하였다. 상자 안에는 총 12장의 번호표가 들어 있으며, 학생은 이 중에서 임의로 1장의 번호표를 뽑게 된다. 그런데 행사 준비 과정에서 상자 안에 당첨 번호표가 한 장도 들어 있지 않은 상태라는 사실이 확인되었다. 이와 같은 상황에서 학생이 번호표 1장을 뽑을 때 당첨 번호표가 나올 확률은 얼마인가?

① 0

② 1/12

③ 1/6

④ 1/4

🔹 **당첨 확률**
- 상자에 들어 있는 번호표 중 당첨 번호표가 하나도 없음
- 따라서 어떤 번호표를 뽑더라도 당첨될 수 없음
- 당첨 사건이 일어날 가능성이 전혀 없음
- 따라서 확률은 0임

70 한 중학교의 과학 수업에서 학생이 실험용 센서를 이용해 세 번 연속으로 신호 측정 실험을 하기로 하였다. 이 센서는 측정할 때마다 A 신호 또는 B 신호가 같은 확률로 나타난다. 학생은 실험 결과를 기록하면서 세 번의 측정 결과 중 적어도 한 번은 B 신호가 나타날 확률을 알아보려고 한다. 이때 세 번의 측정에서 적어도 한 번은 B 신호가 나타날 확률은 얼마인가?

① 1/2

② 5/8

③ 3/4

④ 7/8

🔹 **적어도 한 번 B 신호가 나올 확률**
- 세 번 모두 A 신호가 나올 확률은 $(1/2) \times (1/2) \times (1/2) = 1/8$임
- 적어도 한 번 B 신호가 나오는 경우는 전체에서 모두 A 신호인 경우를 제외한 경우임
- 따라서 구하는 확률은 $1 - 1/8$임
- 즉 7/8임

71 어느 지역의 날씨는 다음과 같은 규칙을 따른다고 한다. 비가 온 다음 날에는 5번 중 1번 정도 비가 오고, 비가 오지 않은 다음 날에는 4번 중 1번 정도 비가 온다. 월요일에 비가 왔다고 할 때, 화요일과 수요일의 날씨를 차례로 고려하면 수요일에 비가 오는 경우의 수를 25가지 가능성으로 생각할 때 그중 몇 가지에 해당하는가?

① 4

② 5

③ 6

④ 8

🔖 **수요일에 비가 오는 경우**

- 화요일에 비가 오고 수요일에도 비가 오는 경우는 1/5×1/5=1/25임
- 화요일에 비가 오지 않고 수요일에 비가 오는 경우는 (1-1/5)×1/4=1/5임
- 두 경우를 더하면 1/25+1/5임
- 이를 25가지 경우로 생각하면 6가지

---

72 어떤 농구 선수가 경기 중 2회의 자유투를 얻는다고 하자. 이 선수는 첫 번째 자유투가 성공한 경우에는 다음 자유투도 성공하는 경우가 10번 중 9번 정도이고, 첫 번째 자유투가 실패한 경우에는 다음 자유투도 실패하는 경우가 10번 중 6번 정도라고 한다. 또한 이 선수는 첫 번째 자유투를 10번 중 8번 정도 성공한다고 한다. 이와 같은 조건에서 두 번째 자유투가 성공하는 경우의 수를 100번의 시도 기준으로 생각할 때 몇 번 정도인가?

① 64

② 72

③ 80

④ 88

🔖 **두 번째 자유투 성공 경우**

- 첫 번째에도 성공하고 두 번째에도 성공하는 경우는 8/10×9/10이므로 100번 기준으로 72번임
- 첫 번째에는 실패하고 두 번째에 성공하는 경우는 (2/10)×(4/10)이므로 100번 기준으로 8번임
- 두 경우를 더함
- 따라서 두 번째 자유투가 성공하는 경우는 72+8=80번

---

73 ○○ 중학교에서 추첨 이벤트를 진행하기 위해 상자 안에 흰 공 3개와 검은 공 2개를 넣어 두었다. 학생이 먼저 상자에서 공 1개를 꺼낸 뒤 다시 상자에 넣고, 이어서 다시 공 1개를 꺼내는 방식으로 추첨을 진행한다. 이때 두 번 모두 흰 공이 나오는 경우를 전체 가능한 경우를 25가지로 생각할 때 몇 가지에 해당하는가?

① 6

② 7

③ 8

④ 9

🔖 **두 번 모두 흰 공이 나오는 경우**

- 첫 번째에 흰 공이 나오는 경우는 5번 중 3번임
- 공을 다시 넣으므로 두 번째에도 흰 공이 나오는 경우는 5번 중 3번임
- 두 번 모두 흰 공이 나오는 경우는 3×3=9가지임
- 전체를 25가지 경우로 생각하면 9가지

69 ① **70** ④ **71** ③ **72** ③ **73** ④

수리 활용 능력

01 논리·추리 능력

01 다음에 제시된 숫자들의 배열 규칙을 살펴보고 빈칸에 들어갈 숫자를 고르시오.

> 1, 3, 6, 10, 15, 21, (　　)

① 22　　　　　　　② 28

③ 29　　　　　　　④ 30

🔺 **숫자 배열 규칙 파악**

- 앞뒤 숫자의 차이를 보면 2, 3, 4, 5, 6으로 증가함
- 차이가 1씩 커지는 규칙이 나타남
- 다음 차이는 7이 되어야 함
- 따라서 21에 7을 더하면 28

02 다음 제시된 숫자들에서 (?)에 해당하는 숫자는 무엇인가?

> 2, 6, 18, 54, (?)

① 60　　　　　　　② 72

③ 162　　　　　　④ 180

🔺 **일정 배수 수열**

- 앞의 항에 3을 곱해 다음 항이 되는 수열임
- 2 × 3 = 6, 6 × 3 = 18, 18 × 3 = 54의 규칙임
- 다음 항은 54 × 3 = 162임
- 따라서 (?)에 들어갈 수는 162

03 다음 제시된 숫자들에서 (?)에 해당하는 숫자는 무엇인가?

> 32, 16, 8, 4, (?)

① −4 ② 8
③ 3 ④ 2

◢ **일정 비율 감소 수열**
- 앞의 항을 2로 나누어 다음 항이 되는 수열임
- 32 ÷ 2 = 16, 16 ÷ 2 = 8의 규칙임
- 8 ÷ 2 = 4, 4 ÷ 2 = 2가 됨
- 따라서 (?)에 들어갈 수는 2

04 다음 제시된 숫자들에서 (?)에 해당하는 숫자는 무엇인가?

> 5, 8, 11, 14, (?)

① 17 ② 18
③ 20 ④ 15

◢ **일정 차이 수열**
- 일정한 값이 더해지며 증가하는 등차수열임
- 5에서 3이 더해져 8이 됨
- 8 + 3 = 11, 11 + 3 = 14의 규칙임
- 다음 항은 14 + 3 = 17

05 다음 제시된 숫자들에서 (?)에 해당하는 숫자는 무엇인가?

> 1, 4, 9, 16, (?)

① 19 ② 21
③ 23 ④ 25

◢ **제곱수 수열**
- 자연수의 제곱으로 이루어진 수열임
- $1 = 1^2$, $4 = 2^2$, $9 = 3^2$의 형태임
- $16 = 4^2$이므로 다음 항은 5^2이 됨
- $5^2 = 25$이므로 (?)에 들어갈 수는 25

01 ② 02 ③ 03 ④ 04 ① 05 ④

06 **다음 숫자들의 배열에서 규칙을 찾아 ( ) 안에 들어갈 수를 구하시오.**

1 2 3 4 5 ( )

① 6　　　　　　　　　　　② 7

③ 3　　　　　　　　　　　④ 9

◢ **자연수의 연속 증가**

- 숫자가 1씩 증가하는 규칙임
- 1 → 2 → 3 → 4 → 5로 계속 1씩 증가함
- 다음 수는 5에 1을 더한 값임
- 따라서 빈칸에는 6이 들어감

07 **다음 숫자들의 규칙을 보고 ( ) 안에 들어갈 수를 구하시오.**

2 4 6 8 10 ( ) 14

① 9　　　　　　　　　　　② 10

③ 12　　　　　　　　　　④ 14

◢ **2씩 증가하는 규칙**

- 숫자가 일정하게 2씩 증가함
- 2 → 4 → 6 → 8 → 10 → 12 → 14 순서임
- 빈칸에는 10 다음 숫자가 들어감
- 따라서 12가 옴

08 **다음 숫자들의 규칙을 보고 빈칸에 들어갈 수를 구하시오.**

12 10 8 6 4 ( )

① 3　　　　　　　　　　　② 2

③ 1　　　　　　　　　　　④ 0

◢ **2씩 감소하는 규칙**

- 숫자가 일정하게 2씩 감소함
- 12 → 10 → 8 → 6 → 4 순서임
- 다음 숫자는 4에서 2를 뺀 값임
- 따라서 2가 됨

09 다음 숫자들의 규칙을 보고 ( ) 안에 들어갈 수를 구하시오.

> 0.1 0.3 0.5 0.7 0.9 ( )

① 1.1 ② 1.01

③ 0.11 ④ 0.011

일정한 간격의 증가

- 숫자가 0.2씩 일정하게 증가함
- 0.1 → 0.3 → 0.5 → 0.7 → 0.9 순서임
- 다음 숫자는 0.9에 0.2를 더한 값임
- 따라서 1.1이 됨

10 다음 숫자들의 규칙을 보고 빈칸에 들어갈 수를 구하시오.

> 729 243 81 27 9 ( )

① 3 ② 41/2

③ 6 ④ −18

3으로 나누는 규칙

- 앞 숫자를 3으로 나누는 규칙임
- 729 → 243 → 81 → 27 → 9 순서임
- 다음 숫자는 9 ÷ 3임
- 따라서 3이 됨

11 다음 숫자들의 규칙을 보고 ( ) 안에 들어갈 수를 구하시오.

> 81 27 9 3 1 ( )

① 1/2 ② 6

③ 1/3 ④ 1/6

일정한 비율 감소

- 앞 숫자를 3으로 나누는 규칙임
- 81 → 27 → 9 → 3 → 1 순서임
- 다음 숫자는 1 ÷ 3으로 계산됨
- 따라서 1/3이 됨

12 다음 숫자들의 규칙을 보고 빈칸에 들어갈 수를 구하시오.

3 4 6 9 13 (   )

① 15　　　　　　　　② 17
③ 18　　　　　　　　④ 19

◀ **증가량이 커지는 규칙**

- 숫자가 각각 +1, +2, +3, +4씩 증가함
- 증가량이 1씩 커지는 형태임
- 다음 증가량은 +5임
- 따라서 13 + 5 = 18이 됨

13 다음 수를 나열할 때 (?)에 해당하는 숫자는 무엇인가?

2, 5, 10, 17, (?)

① 25　　　　　　　　② 26
③ 24　　　　　　　　④ 27

◀ **증가 간격 규칙**

- 각 항은 일정하게 증가하는 값이 더해지는 수열임
- 증가하는 값은 +3, +5, +7, +9의 형태로 2씩 커짐
- 2 + 3 = 5, 5 + 5 = 10, 10 + 7 = 17의 규칙임
- 다음은 17 + 9 = 26이므로 (?)에 들어갈 수는 26

14 다음 수를 나열할 때 (?)에 해당하는 숫자는 무엇인가?

2, 1, 3, 4, 7, 11, (?)

① 9　　　　　　　　② 18
③ 15　　　　　　　　④ 32

◀ **앞의 두 수의 합 규칙**

- 앞의 두 수를 더한 값이 다음 항이 되는 수열임
- 2 + 1 = 3, 1 + 3 = 4의 관계임
- 3 + 4 = 7, 4 + 7 = 11의 규칙임
- 다음 항은 7 + 11 = 18

15 명제가 다음과 같을 때 확실하게 말할 수 있는 것을 고르시오.

> - 독서를 좋아하는 사람은 똑똑하거나 상상력도 풍부하다.
> - 머리가 큰 사람은 똑똑하다.
> - 성실한 사람은 독서를 좋아한다.

① 머리가 크지 않은 사람은 똑똑하지 않다.

② 똑똑하지 않은 사람은 상상력이 풍부하지 않다.

③ 독서를 좋아하지 않는 사람은 머리가 크다.

④ 상상력이 풍부하지 않은 사람은 성실하지 않다.

명제의 논리 관계 판단
- 성실한 사람은 독서를 좋아하므로 성실 → 독서 좋아함의 관계임
- 독서를 좋아하는 사람은 똑똑하거나 상상력이 풍부하므로 독서 좋아함 → 똑똑 또는 상상력 풍부임
- 따라서 성실한 사람은 똑똑하거나 상상력이 풍부한 사람임
- 이 명제의 대우는 상상력이 풍부하지 않고 똑똑하지 않으면 성실하지 않다는 의미가 됨

16 명제가 다음과 같을 때 확실하게 말할 수 있는 것을 고르시오.

> - 그림을 잘 그리는 사람은 감정이 풍부하다.
> - 노래를 잘 부르는 사람은 모두가 좋아한다.
> - 감정이 풍부한 사람은 모두가 좋아한다.

① 그림을 잘 그리는 사람은 모두가 좋아한다.

② 감정이 풍부한 사람은 노래를 잘 부르는 사람이다.

③ 노래를 잘 부르는 사람은 그림을 잘 그리는 사람이다.

④ 모두가 좋아하는 사람은 그림을 잘 그리는 사람이다.

명제의 포함 관계 판단
- 그림을 잘 그리는 사람은 감정이 풍부한 사람에 포함됨
- 감정이 풍부한 사람은 모두가 좋아하는 사람에 포함됨
- 따라서 그림을 잘 그리는 사람은 모두가 좋아하는 사람에 포함됨
- 즉 그림을 잘 그리는 사람 → 감정이 풍부함 → 모두가 좋아함의 관계임

12 ③ 13 ② 14 ② 15 ④ 16 ①

17 명제가 다음과 같을 때 확실하게 말할 수 있는 것을 고르시오.

> • 국어를 좋아하는 학생은 영어도 좋아한다.
> • 수학을 좋아하지 않는 학생은 영어도 좋아하지 않는다.
> • 음악을 좋아하지 않는 학생은 수학도 좋아하지 않는다.

① 영어를 좋아하는 학생은 국어도 좋아한다.

② 음악을 좋아하지 않는 학생은 영어도 좋아하지 않는다.

③ 수학을 좋아하는 학생은 국어도 좋아한다.

④ 수학을 좋아하지 않는 학생은 음악도 좋아하지 않는다.

명제의 연쇄 관계 판단

• 음악을 좋아하지 않으면 수학을 좋아하지 않는다는 관계가 성립함
• 수학을 좋아하지 않으면 영어도 좋아하지 않는다는 관계가 성립함
• 따라서 음악을 좋아하지 않으면 영어도 좋아하지 않는다는 결과가 도출됨
• 이는 음악 좋아하지 않음 → 수학 좋아하지 않음 → 영어 좋아하지 않음의 연결임

18 다음 내용이 모두 사실이라고 할 때 반드시 맞는 것을 고르시오.

> • 나는 밥을 잘 먹는 사람을 모두 좋아한다.
> • 민호는 과일을 잘 먹는다.
> • 철호는 밥을 잘 먹는다.
> • 영호는 과자를 잘 먹는다.

① 나는 철호를 좋아한다.

② 민호는 나를 싫어한다.

③ 영호는 민호보다 밥을 잘 먹는다.

④ 나는 철호보다 영호를 더 좋아한다.

조건을 이용한 판단

• 나는 밥을 잘 먹는 사람을 모두 좋아한다고 주어짐
• 철호는 밥을 잘 먹는다고 주어짐
• 따라서 철호는 내가 좋아하는 사람에 해당함
• 다른 사람에 대해서는 밥을 잘 먹는지 여부가 주어지지 않음

19 **다음 내용이 모두 사실이라고 할 때 반드시 맞는 것을 고르시오.**

> • 갑숙이와 을녀는 같이 장사를 했다.
> • 두 사람은 같은 물건을 값만 달리 하여 팔았다.
> • 장사를 마친 뒤 두 사람의 돈을 비교해 보니 갑숙이가 더 많았다.

① 갑숙이는 을녀의 물건까지 팔아 주었다.

② 을녀는 물건을 팔지 못했다.

③ 누가 물건을 더 많이 팔았는지 알 수 없다.

④ 처음에 갑숙이가 더 많은 돈을 가지고 있었다.

주어진 정보로 판단 가능한 내용

• 두 사람은 같은 물건을 팔았지만 가격을 다르게 정해 판매함
• 장사가 끝난 뒤 갑숙이의 돈이 더 많았다는 사실만 주어짐
• 가격이 다르므로 누가 더 많이 팔았는지는 판단할 수 없음
• 물건 수가 많아서일 수도 있고 가격이 높아서일 수도 있음

20 **다음 내용이 모두 사실이라고 할 때 반드시 맞는 것을 고르시오.**

> • 국어 선생님은 수학 선생님보다 인기가 있다.
> • 물리 선생님은 수학 선생님보다 인기가 있다.
> • 영어 선생님은 물리 선생님보다 인기가 없다.

① 국어 선생님이 영어 선생님보다 인기가 있다.

② 수학 선생님보다 물리 선생님이 인기가 있다.

③ 물리 선생님보다 영어 선생님이 인기가 있다.

④ 영어 선생님이 수학 선생님보다 인기가 있다.

비교 관계의 추론

• 국어 선생님은 수학 선생님보다 인기가 있음
• 물리 선생님은 수학 선생님보다 인기가 있음
• 영어 선생님은 물리 선생님보다 인기가 없으므로 영어 〈 물리 관계가 성립함
• 물리 선생님은 수학 선생님보다 인기가 있으므로 영어 〈 수학 관계도 성립함
• 따라서 국어 〉 수학 〉 영어가 되므로 국어 선생님이 영어 선생님보다 인기가 있음

17 ② 18 ① 19 ③ 20 ①

21 **다음 내용이 모두 사실이라고 할 때 반드시 맞는 것을 고르시오.**

> • 우리 반 학생들 여섯 명이 헌혈을 하러 보건실에 갔다.
> • 옆 반 학생들도 다시 따로 헌혈을 하러 보건실에 갔다.
> • 헌혈을 한 학생들은 빵과 우유를 받았다.
> • 세 명은 빵과 우유를 들고 있고, 세 명은 먹고 있었다.

① 빵과 우유를 받은 학생은 여섯 명이다.

② 헌혈을 한 사람은 우리 반이 옆 반보다 많다.

③ 아직 헌혈을 하지 않은 학생들이 있다.

④ 보건실에 간 학생들이 모두 헌혈을 하지는 않았다.

◢ **조건을 이용한 판단**
- 빵과 우유는 헌혈을 한 학생에게만 주어짐
- 빵과 우유를 받은 학생이 들고 있는 3명과 먹고 있는 3명으로 총 6명임
- 따라서 헌혈을 한 학생은 최소 6명임
- 우리 반 학생이 6명이므로 이 6명은 우리 반 학생일 가능성이 있음
- 따라서 헌혈을 한 사람은 우리 반이 옆 반보다 많다고 볼 수 있음

22 **다음 내용이 모두 사실이라고 할 때 반드시 맞는 것을 고르시오.**

> • 독서를 좋아하는 사람은 차분하다.
> • 운동을 좋아하는 사람은 조용하지 않다.
> • 차분한 사람은 친절한 사람과 친하다.

① 독서를 좋아하는 사람은 친절한 사람과 친하다.

② 운동을 좋아하는 사람 중에는 친절한 사람도 있다.

③ 친절한 사람과 친한 사람은 독서를 좋아한다.

④ 차분하지 않은 사람은 운동을 좋아하지 않는다.

◢ **명제의 포함 관계 판단**
- 독서를 좋아하는 사람은 차분한 사람에 해당함
- 차분한 사람은 친절한 사람과 친하다고 주어짐
- 따라서 독서를 좋아하는 사람은 친절한 사람과 친한 사람이 됨
- 이는 독서 좋아함 → 차분함 → 친절한 사람과 친함의 관계임

23 다음 내용이 모두 사실이라고 할 때 반드시 맞는 것을 고르시오.

> - 네 사람이 같은 아파트 건물에 살고 있다.
> - 수아는 미나보다 두 층 위에 산다.
> - 세빈이는 미나의 바로 아래층에 산다.
> - 동호는 수아보다 한 층 위에 산다.

① 동호는 미나보다 한 층 위에 산다.

② 세빈이가 동호네 집에 가려면 4층을 올라가야 한다.

③ 수아와 세빈이는 미나보다 높은 곳에 산다.

④ 미나는 수아네 집에 가기 위해 위로 올라갈 필요가 없다.

👉 **층수 관계 정리**
- 미나의 층을 기준으로 정리함
- 세빈이는 미나 바로 아래층이므로 미나보다 1층 아래에 있음
- 수아는 미나보다 2층 위에 있음
- 동호는 수아보다 1층 위이므로 미나보다 3층 위에 있음
- 따라서 세빈이가 동호의 집에 가려면 4층을 올라가야 함

24 다음 내용이 모두 사실이라고 할 때 반드시 맞는 것을 고르시오.

> - 밤늦게까지 공부한 학생은 졸리다.
> - 졸린 학생은 집중을 잘 못한다.
> - 충분히 잠을 잔 학생은 졸리지 않다.

① 밤늦게까지 공부한 학생은 집중을 잘 못한다.

② 집중을 잘 못하는 학생은 밤늦게까지 공부했다.

③ 졸리지 않은 학생은 밤늦게까지 공부하지 않았다.

④ 충분히 잠을 잔 학생은 집중을 잘 못한다.

👉 **명제의 포함 관계 판단**
- 밤늦게까지 공부한 학생은 졸리다고 주어짐
- 졸린 학생은 집중을 잘 못한다고 주어짐
- 따라서 밤늦게까지 공부한 학생은 집중을 잘 못하는 학생이 됨
- 이는 밤늦게 공부함 → 졸림 → 집중 못함의 관계임
- 따라서 반드시 맞는 것은 ①임

M·E·M·O

25 다음 내용이 모두 사실이라고 할 때 반드시 맞는 것을 고르시오.

> • 학교에 다니는 학생 중에는 감기에 걸린 사람이 많다.
> • 감기의 주된 원인은 바이러스 감염이다.
> • 잠을 충분히 자지 못한 사람은 감기에 잘 걸린다.

① 잠을 충분히 자지 못하는 것은 바이러스 감염을 일으킨다.

② 학교에 다니는 학생 중에는 잠을 충분히 자지 못하는 사람이 많다.

③ 학교에 다니는 학생들은 주로 바이러스 감염 때문에 감기에 걸린다.

④ 감기에 걸린 사람은 잠을 충분히 자지 못한 사람이다.

◢ **원인 관계의 판단**
• 학교에 다니는 학생 중 감기에 걸린 사람이 많다고 주어짐
• 감기의 주된 원인은 바이러스 감염이라고 제시됨
• 따라서 학생들이 감기에 걸리는 주요 이유는 바이러스 감염이라고 볼 수 있음
• 잠을 충분히 자지 못한 사람은 감기에 잘 걸린다는 조건만 제시됨
• 따라서 반드시 맞는 것은 ③임

26 다음의 조건을 보고 가장 먼저 도착한 사람을 고르시오.

> • 민수는 지훈보다 늦게 도착했지만 서연보다는 먼저 도착했다.
> • 서연은 민수보다 늦게 도착했지만 유나보다는 먼저 도착했다.

① 지훈　　　　　　　　　② 민수

③ 서연　　　　　　　　　④ 유나

◢ **순서 비교 추론**
• 민수는 지훈보다 늦게 도착했으므로 지훈이 민수보다 먼저임
• 민수는 서연보다 먼저 도착했으므로 민수가 서연보다 먼저임
• 서연은 유나보다 먼저 도착했으므로 서연이 유나보다 먼저임
• 전체 순서는 지훈 → 민수 → 서연 → 유나 순서임
• 따라서 가장 먼저 도착한 사람은 지훈임

27 민호는 농구와 축구를 알고, 지수는 배구와 테니스를 알며, 수연은 탁구와 농구를 알고, 동현은 축구와 배구를 안다. 만약 농구가 축구보다 어렵고, 테니스는 배구보다 어렵고, 축구는 배구보다 어렵고, 탁구는 농구보다 쉽다면, 누가 가장 어려운 운동을 알고 있다고 할 수 있겠는가?

① 민호   ② 지수

③ 수연   ④ 동현

운동 난이도 비교 추론

- 농구는 축구보다 어려움
- 축구는 배구보다 어려움
- 테니스는 배구보다 어려움
- 탁구는 농구보다 쉬움
- 난이도 관계는 테니스 〉 농구 〉 축구 〉 배구 〉 탁구임
- 가장 어려운 운동은 테니스임
- 테니스를 아는 사람은 지수

28 민수, 지훈, 태호는 소연, 나영, 유진과 결혼을 했는데 반드시 이름 순서대로는 아니다. 소연 외의 아내와 결혼한 민수는 다섯 명의 자녀를 갖고 있다. 나영은 7년 뒤에 아이를 갖고자 한다. 지훈은 외국 여성과 결혼했다. 태호의 아내는 누구인가?

① 소연   ② 나영

③ 유진   ④ 알 수 없음

결혼 관계 추론

- 민수의 아내는 소연이 아님
- 민수는 자녀가 5명이 있으므로 아직 아이를 갖지 않은 나영과 결혼할 수 없음
- 따라서 민수의 아내는 유진임
- 남은 여성은 소연과 나영임
- 지훈은 외국 여성과 결혼했으므로 세 여성 중 한 명과의 결혼 여부를 확정할 수 없음
- 따라서 태호의 아내는 나영임

29 4명의 학생이 국제 교류 행사에서 서로 다른 외국어를 사용할 수 있다. 그런데 A는 일본어와 영어를, B는 영어와 중국어를, C는 프랑스어와 일본어를, D는 프랑스어와 중국어를 할 수 있다고 한다. B와 C가 대화하고자 할 때, 다음 중 통역 역할을 할 수 있는 사람(들)은?

① A   ② D

③ A와 D   ④ 없음

언어 연결 관계 판단

- B는 영어와 중국어를 구사함
- C는 프랑스어와 일본어를 구사함
- A는 영어와 일본어를 구사하므로 B의 영어와 C의 일본어를 연결할 수 있음
- D는 중국어와 프랑스어를 구사하므로 B의 중국어와 C의 프랑스어를 연결할 수 있음
- 따라서 두 사람 모두 통역 역할이 가능함

30 **다음 중 올바른 추론의 내용들로 짝지어진 것은?**

> 우리 반은 담임 선생님과 세 명의 학생이 함께 공부하는 작은 학습 모임이다. 나는 세 학생 중 둘째인데 우리 셋 중에서 가장 늦게 공부를 마친다. 선생님은 밤 10시가 되면 공부를 마치고 쉬신다. 막내는 밤 12시가 되어야 공부를 마친다. 선생님은 우리가 늦게까지 공부한다고 걱정하시면서 내가 공부를 마칠 때까지 기다리신다.

> (a) 첫째는 나보다 늦게 공부를 마친다.
> (b) 첫째는 선생님보다 일찍 공부를 마친다.
> (c) 선생님은 첫째보다 일찍 공부를 마친다.
> (d) 선생님은 막내보다 늦게 공부를 마친다.

① (a), (b) ② (a), ⓒ
③ (b), (d) ④ (c), (d)

시간 관계 추론

- 나는 세 학생 중 가장 늦게 공부를 마침
- 막내는 12시에 공부를 마치며 나는 그보다 더 늦게 마침
- 선생님은 내가 끝날 때까지 기다리므로 나보다 늦게 마침
- 선생님은 막내보다도 늦게 공부를 마침
- 첫째는 나보다 늦게 끝날 수 없으므로 (a)는 거짓
- 선생님은 나보다 늦게 끝나므로 첫째는 선생님보다 먼저 끝남 → (b)는 참
- 선생님은 첫째보다 늦게 끝나므로 (c)는 거짓
- 선생님은 막내보다 늦게 끝남 → (d)는 참
- 따라서 옳은 것은 (b), (d)

31 오늘은 민수, 지훈, 서연, 유나 총 4명이 모둠 활동에서 발표를 해야 한다. 다음과 같은 조건이 주어졌을 때, 가장 먼저 발표를 하게 되는 사람은 누구일까?

> (가) 민수는 지훈보다 먼저 한다.
> (나) 서연은 유나보다 먼저 한다.
> (다) 유나는 민수보다 먼저 한다.

① 민수　　　　　　　　　② 지훈
③ 서연　　　　　　　　　④ 유나

▲ **발표 순서 추론**
- 민수는 지훈보다 먼저 발표함
- 유나는 민수보다 먼저 발표하므로 유나 → 민수 → 지훈 순서임
- 서연은 유나보다 먼저 발표하므로 서연 → 유나 → 민수 → 지훈 순서가 됨
- 따라서 가장 먼저 발표하는 사람은 서연임

32 같은 반 친구인 민수, 지훈, 서연, 유나는 오늘 교실, 화단, 창문, 복도를 각각 한 부분씩 맡아서 정리해야 한다. 그런데 민수는 교실과 화단 정리를 싫어하고, 지훈은 복도 정리를 싫어하며, 서연은 교실 정리를 좋아하고, 유나는 창문을 정리하기를 원한다. 선생님은 각자의 선호에 따라서 정리를 시키려 한다. 다음 중 각자의 정리 부분이 잘못 짝지어진 것은?

① 민수 – 복도　　　　　　② 지훈 – 화단
③ 서연 – 교실　　　　　　④ 유나 – 교실

▲ **정리 구역 배정 판단**
- 서연은 교실 정리를 좋아하므로 교실 담당이 됨
- 유나는 창문 정리를 원하므로 창문 담당이 됨
- 민수는 교실과 화단을 싫어하므로 복도 담당이 가능함
- 지훈은 복도 정리를 싫어하므로 화단 담당이 가능함
- 따라서 유나에게 교실을 맡긴 ④는 조건과 맞지 않음

33 민수, 지훈, 서연, 유나 네 명이 탁자에 눌러앉았다. 민수는 지훈의 오른쪽에 있고, 지훈은 서연과 마주 보고 있다. 유나의 오른쪽과 왼쪽에 앉은 사람을 차례로 짝지은 것은? (단, 방향은 사람이 앉은 상태에서 판단한다.)

① 민수 – 지훈　　　　　　② 지훈 – 민수
③ 지훈 – 서연　　　　　　④ 서연 – 지훈

◣ **자리 관계 추론**

- 지훈과 서연은 서로 마주 보고 있으므로 서로 맞은편에 앉음
- 민수는 지훈의 오른쪽에 앉아 있음
- 남은 자리에 유나가 앉게 됨
- 좌석 배치는 민수 – 지훈 – 유나 – 서연의 형태가 됨
- 유나를 기준으로 오른쪽에는 지훈, 왼쪽에는 서연이 앉음
- 따라서 유나의 오른쪽과 왼쪽은 지훈 – 서연임

34 민수, 지훈, 서연, 유나, 태호 다섯 학생이 있다. 민수는 처음 만난 학생들을 친구로 사귀기 원한다. 다음 조건을 통해 볼 때, 민수가 사귀려는 학생은?

> (가) 민수가 서연과 친구가 된다면, 유나와는 친구가 되지 않는다.
> (나) 민수가 유나와 친구가 되지 않는다면 지훈과 친구가 된다.
> (다) 민수는 태호와 친구가 되지 않는다.
> (라) 민수는 서연과 친구가 되거나 태호와 친구가 된다.

① 유나
② 서연
③ 지훈과 서연과 유나
④ 지훈과 서연

◣ **조건 추론**

- 민수는 태호와 친구가 되지 않음
- (라)에 따라 서연과 친구가 되거나 태호와 친구가 되어야 하나 태호는 제외되므로 서연과 친구가 됨
- (가)에 따라 서연과 친구가 되면 유나와는 친구가 되지 않음
- (나)에 따라 유나와 친구가 되지 않으면 지훈과 친구가 됨
- 따라서 민수가 친구가 되는 학생은 지훈과 서연임

35 다음과 같은 명제가 있을 때 확실하게 말할 수 있는 것은?

> (가) 규칙을 잘 지키는 학생은 거짓말을 하지 않는다.
> (나) 밝은 성격의 학생은 모두가 좋아한다.
> (다) 거짓말을 하지 않는 학생은 모두가 좋아한다.

① 규칙을 잘 지키는 학생은 모두가 좋아한다.

② 밝은 성격의 학생은 규칙을 잘 지키는 학생이다.

③ 모두가 좋아하는 학생은 규칙을 잘 지키는 학생이다.

④ 거짓말을 하지 않는 학생은 밝은 성격의 학생이다.

🔺 **명제 관계 추론**

- 규칙을 잘 지키는 학생은 거짓말을 하지 않음
- 거짓말을 하지 않는 학생은 모두가 좋아함
- 따라서 규칙을 잘 지키는 학생은 모두가 좋아하는 학생이 됨
- 밝은 성격의 학생과 규칙을 잘 지키는 학생의 관계는 제시되지 않음
- 모두가 좋아하는 학생이 모두 규칙을 잘 지킨다고 단정할 수 없음
- 따라서 확실하게 말할 수 있는 것은 ①임

36 **다음 조건을 읽고 옳은 것을 고르시오.**

> (가) 준호, 수민, 도윤, 지아, 하늘은 5층인 아파트에 함께 살고 있다.
> (나) 준호와 수민의 층 간격과 수민과 지아의 층 간격은 같다.
> (다) 도윤은 하늘보다 위층에 살고 있다.
> (라) 준호는 5층에 살고 있다.

① 수민은 지아보다 낮다.　　② 하늘은 3층에 산다.

③ 수민은 제일 아래층이다.　　④ 수민은 도윤보다 낮다.

🔺 **층수 관계 추론**

- 준호는 5층에 거주함
- 준호와 수민의 층 간격 = 수민과 지아의 층 간격이므로 수민은 두 사람의 중간 위치가 됨
- 가능한 층 배열을 검토하면 수민은 4층, 지아는 3층이 됨
- 도윤은 하늘보다 위층에 살아야 하므로 남은 층에서 도윤이 더 위층이 됨
- 결과적으로 수민은 도윤보다 낮은 층에 위치함

37 **다음 중 추론이 잘못된 것은?**

> - 20세인 민수는 2년씩 터울이 지는 동생이 둘 있다.
> - 24세인 지훈은 3년씩 터울이 지는 동생이 셋 있다.

① 지훈의 막내 동생이 가장 어리다.

② 지훈의 첫째 동생은 민수보다 어리다.

③ 민수의 막내 동생은 두 번째로 어리다.

④ 민수의 첫째 동생과 지훈의 둘째 동생은 동갑이다.

✔ **34** ④ **35** ① **36** ④ **37** ②

나이 관계 추론

- 민수는 20세이고 동생이 두 명이며 2년 차이이므로 동생들은 18세, 16세임
- 지훈은 24세이고 동생이 세 명이며 3년 차이이므로 동생들은 21세, 18세, 15세임
- 가장 어린 사람은 15세이므로 지훈의 막내 동생이 가장 어림
- 민수의 막내 동생은 16세로 두 번째로 어림
- 민수의 첫째 동생(18세)과 지훈의 둘째 동생(18세)은 동갑임
- 지훈의 첫째 동생은 21세이므로 민수보다 어리지 않음

38 **다음 중 아래의 조건을 충족시킨 것은?**

> 여섯 개의 팀(가, 나, 다, 라, 마, 바)을 셋씩 두 조로 나누고자 한다. 단, 마와 바 팀은 서로 다른 조에 속해야 하며, 다가 속한 조에는 가 혹은 나 팀이 반드시 포함되어야 한다.

① 다, 나, 바   ② 가, 나, 마

③ 가, 다, 나   ④ 나, 마, 바

조 구성 조건 판단

- 전체 6개 팀을 두 조로 나누므로 한 조는 3개 팀으로 구성됨
- 마와 바는 서로 다른 조에 속해야 함
- 다가 있는 조에는 반드시 가 또는 나가 포함되어야 함
- ① 다, 나, 바
  - → 다와 나가 함께 있으므로 조건 충족
  - → 바가 포함되면 마는 다른 조에 배치되므로 조건 충족
- ② 가, 나, 마
  - → 다가 없는 조이므로 조건 판단에 부합하지 않음
- ③ 가, 다, 나
  - → 남은 조가 라, 마, 바가 되어 마와 바가 같은 조가 되므로 조건 위반
- ④ 나, 마, 바
  - → 마와 바가 같은 조에 있어 조건 위반

39 한 학원에 근무하는 이 선생님은 A반, B반, C반에 대해 참고서를 판매하고 있다. 지난 1, 2, 3, 4월 동안 이 선생님은 A반, B반, C반에 총 17권을 판매하였고, 그 중 3권을 1월에, 그 두 배만큼을 3월에 판매하였다. 이 선생님은 A반에는 1월에 2권, 2월에 2권을 판매하였고, B반에는 2월에 2권, 3월에 4권을 판매하였다. 만약 이 선생님이 C반에 4월에 4권을 판매하였다면, 이 선생님의 판매 실적이 가장 좋았던 달은 언제인가?

① 1월   ② 2월

③ 3월   ④ 4월

판매량 계산 추론

- 전체 판매량은 17권임
- 1월 판매량은 3권이고, 3월 판매량은 그 두 배이므로 6권임
- A반 판매는 1월 2권, 2월 2권임
- B반 판매는 2월 2권, 3월 4권임
- C반 판매는 4월 4권임
- 1월 총 판매는 3권
- 3월 총 판매는 6권
- 4월 판매는 4권
- 전체 17권이므로 2월 판매는 4권임
- 월별 판매량은 1월 3권, 2월 4권, 3월 6권, 4월 4권임

40 세 가게 (ㄱ), (ㄴ), (ㄷ)은 직선도로를 따라 서로 이웃하고 있다. 이들 가게의 간판 색깔은 빨강, 파랑, 노랑이며 세 가게 앞에서 가게를 바라볼 때 다음과 같이 되어 있다. 다음 중 바른 것을 고르시오.

> (1) 노란색 간판은 오른쪽 끝에 있는 가게의 것이다.
> (2) (ㄴ) 가게는 (ㄱ) 가게의 왼쪽에 있다.
> (3) (ㄷ) 가게의 간판은 빨간색이다.

① (ㄱ)의 간판은 파랑색

② (ㄴ)의 간판은 노랑색

③ (ㄱ)은 가운데 가게

④ (ㄷ)은 맨 왼쪽 가게

⑤ 가게의 간판 색깔의 순서는 왼쪽으로부터 파랑, 노랑, 빨강 순이다.

위치와 색깔 추론

- (ㄴ) 가게는 (ㄱ) 가게의 왼쪽에 있음
- 노란색 간판은 오른쪽 끝 가게의 것임
- (ㄱ) 가게의 간판은 빨간색이므로 (ㄷ)은 오른쪽 끝이 될 수 없음
- 따라서 (ㄷ)은 맨 왼쪽 가게가 됨
- 남은 두 자리는 (ㄴ)과 (ㄱ)이며 (ㄴ)이 (ㄱ)의 왼쪽이므로 (ㄷ) - (ㄴ) - (ㄱ) 순서가 됨

38 ① 39 ③ 40 ④

41 하늘마을, 들꽃마을, 바다마을 세 마을이 있다. 이 세 마을은 동쪽에서 서쪽 방향으로 일렬로 이어져 있다. 이 세 마을은 각각 사과, 포도, 귤을 대표 특산물로 한다. 다음 조건을 읽고 옳은 것을 고르시오.

> • 사과가 특산물인 마을은 가장 동쪽에 있다.
> • 들꽃마을은 하늘마을보다 서쪽에 있다.
> • 바다마을의 특산물은 귤이다.

① 하늘마을은 포도를 특산물로 한다.

② 들꽃마을의 특산물은 사과이다.

③ 하늘마을은 들꽃마을과 바다마을 사이에 있다.

④ 바다마을은 가장 서쪽에 있다.

⑤ 세 마을의 특산물은 서쪽에서 동쪽 순서로 포도, 사과, 귤이다.

위치와 특산물 추론
- 사과가 특산물인 마을은 가장 동쪽에 위치함
- 들꽃마을은 하늘마을보다 서쪽에 있으므로 하늘마을이 더 동쪽에 있음
- 바다마을의 특산물은 귤이므로 사과 마을이 될 수 없음
- 따라서 사과 마을은 하늘마을이며 가장 동쪽에 위치함
- 들꽃마을은 하늘마을의 서쪽에 위치함
- 남은 가장 서쪽 위치는 바다마을이 됨

42 빨강, 파랑, 노랑, 초록, 보라 다섯 색 공이 일렬로 놓여 있다. 다음과 같은 사실을 알 수 있다. 옳은 진술을 고르시오.

> • 파랑 공은 왼쪽에서 두 번째에 있다.
> • 노랑 공은 파랑 공보다 오른쪽에 있다.
> • 초록 공과 보라 공은 서로 이웃해 있다.

> ㉠ 노랑 공은 정중앙에 있다.
> ㉡ 빨강 공은 가장 왼쪽에 있다.
> ㉢ 보라 공은 가장 오른쪽에 있다.

① ㉠   ② ㉡

③ ㉢   ④ ㉠, ㉡

🔹 **위치 관계 추론**

- 파랑 공은 왼쪽에서 두 번째 위치에 있음
- 노랑 공은 파랑 공보다 오른쪽에 있으므로 세 번째 이후 위치에 있음
- 초록 공과 보라 공은 서로 이웃해야 하므로 연속된 위치에 배치됨
- 가능한 배열을 정리하면 빨강 공이 가장 왼쪽에 위치하게 됨
- 따라서 옳은 진술은 ⓒ임

43 숫자 1, 2, 3, 4, 5, 6을 다음 그림과 같은 삼각형 모양의 위치에 하나씩 넣으려고 한다. 삼각형의 각 변 위에 있는 세 수의 합이 모두 같도록 할 때, A와 B에 들어갈 수의 합은 얼마인가?(삼각형 꼭대기에는 1이 놓여 있고, 왼쪽 변의 가운데가 A, 오른쪽 변의 가운데가 B이며, 아래 변에는 세 개의 빈 칸이 있다.)

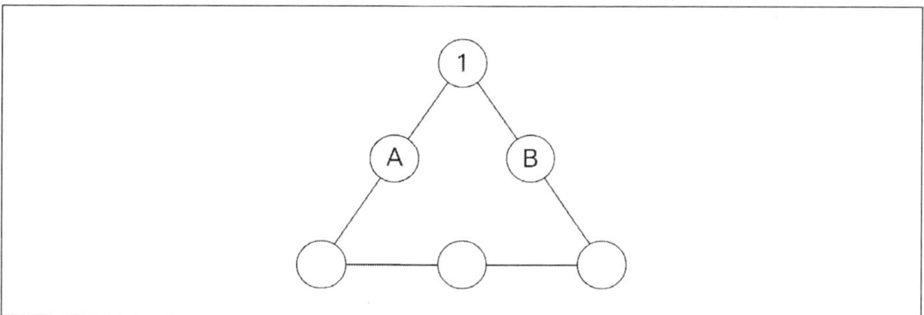

① 8
② 9
③ 10
④ 11

🔹 **삼각형 변의 합 추론**

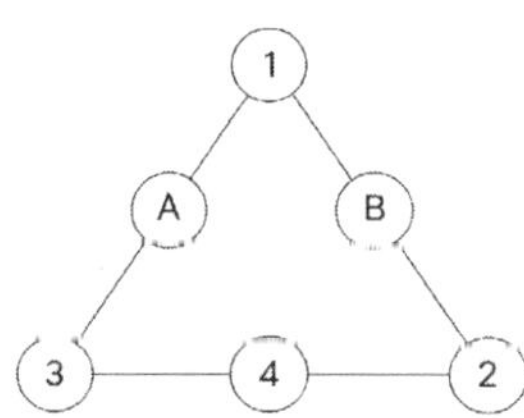

- 삼각형 각 변에는 세 개의 수가 위치하며 세 변의 합이 모두 같아야 함
- 꼭대기에 1이 있으므로 나머지 수 2, 3, 4, 5, 6을 배치해야 함
- 각 변의 합이 같아지려면 한 변의 합은 9가 되어야 함
- 1을 제외한 수 중 합이 9가 되는 조합은 2, 3, 4임
- 따라서 아래 변은 3, 4, 2가 되고 양쪽 변의 가운데에는 5와 6이 배치됨
- A와 B의 합은 5 + 6 = 11임

41 ④ 42 ② 43 ④

44 다음의 조건이 성립한다고 가정할 때, 만일 한 동아리의 목요일 아침 회의에 참석할 수 없다면, 그 회의에 참석할 수 있는 회원은 최대 몇 명까지 가능한가?

> X고등학교 동아리에는 A, B, C, D, E, F, G 7명의 회원이 있고, 이들은 동아리 운영을 위해 간혹 회의를 가진다. 이 회의는 화요일, 목요일, 금요일에만 열릴 수 있고, 아침 회의 또는 오후 회의만 가능하다. 그리고 다음의 조건이 성립한다.

> • B는 목요일에는 어떤 회의에도 참석할 수 없다.
> • G는 화요일에는 어떤 회의에도 참석할 수 없다.
> • 만일 A가 회의에 참석하면 B는 반드시 그 회의에 참석해야 한다.
> • 만일 D가 회의에 참석하면 B와 F도 반드시 그 회의에 참석해야 한다.
> • C는 아침 회의에는 결코 참석할 수 없다.

① 1명　　　　　　　　② 2명
③ 3명　　　　　　　　④ 4명

◀ 조건 종합 추론
- 상황은 목요일 아침 회의임
- B는 목요일 어떤 회의에도 참석할 수 없으므로 참석 불가
- A가 참석하려면 B가 함께 참석해야 하므로 A도 참석 불가
- D가 참석하면 B와 F가 함께 참석해야 하므로 D도 참석 불가
- C는 아침 회의에 참석할 수 없으므로 참석 불가
- 따라서 A, B, C, D, F는 참석할 수 없음
- 남는 사람은 E와 G 두 명이므로 최대 참석 가능 인원은 2명임

45 지훈은 민수보다 느리지만 태현보다는 빠르다. 태현은 지훈보다는 느리지만 준호보다는 빠르다. 가장 빠른 사람은 누구인가?

① 민수　　　　　　　　② 지훈
③ 태현　　　　　　　　④ 준호

◀ 속도 관계 비교
- 지훈은 민수보다 느리고 태현보다 빠르므로 순서는 민수 → 지훈 → 태현임
- 태현은 지훈보다 느리고 준호보다 빠르므로 순서는 지훈 → 태현 → 준호임
- 두 조건을 종합하면 민수 → 지훈 → 태현 → 준호의 순서가 됨
- 따라서 가장 빠른 사람은 민수

46 중규, 현수, 병국이는 삼희, 남순, 영애와 같은 학년이 아니다. 삼희의 오빠인 중규는 다섯 명의 지원자 가운데 한 명이다. 공민 마이스터고에 남순은 7년 더 있다가 입학을 했다. 현수는 중규의 여동생과 같은 학년이다. 병국이는 누구인가?

① 상희

② 남순

③ 영애

④ 알 수 없음

🔖 **관계 조건 추론**

- 중규는 삼희의 오빠이므로 삼희보다 먼저 입학한 선배임
- 남순은 삼희보다 연장자이므로 중규와 같은 선배 그룹에 속할 가능성이 있음
- 현수는 중규의 여동생과 같은 학년이므로 삼희와 같은 학년 집단에 해당함
- 조건을 종합하면 병국이에 해당하는 인물은 남순

02 공간지각 능력

47 다음 제시된 블록의 수를 구하시오.

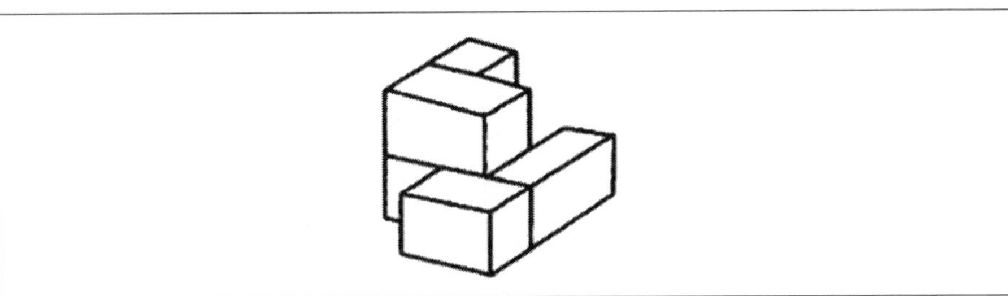

① 5

② 6

③ 7

④ 8

🔖 **블록 개수 계산**

- 아래층에는 앞쪽에 블록 2개와 오른쪽으로 연결된 블록 1개가 있어 총 3개임
- 가운데에는 그 위에 놓인 블록 1개가 있음
- 기장 위에는 작은 블록 1개가 추가로 쌓여 있음
- 보이는 블록을 모두 합하면 전체 블록 수는 5개

✅ 44 ② 45 ① 46 ② 47 ①

48 다음 그림은 같은 크기의 사각형 상자를 쌓아 놓은 것이다. 상자는 모두 몇 개인가?

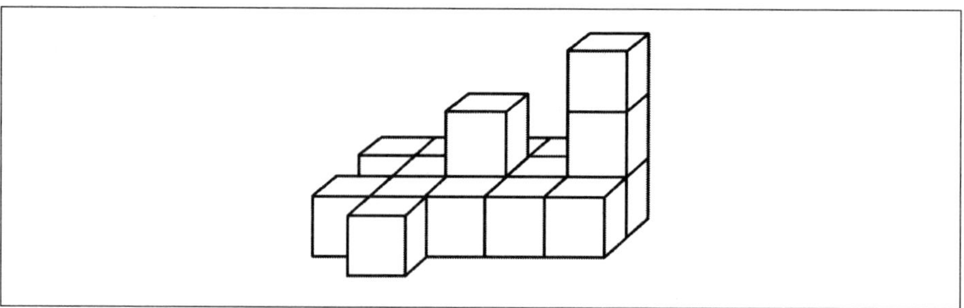

① 16   ② 17

③ 18   ④ 19

◢ **층별 상자 개수 계산**

- 그림의 상자를 층별로 나누어 보면 1층에 14개가 놓여 있음
- 가운데 부분에 2층 상자가 2개 쌓여 있음
- 오른쪽 끝 기둥 형태로 3층 상자가 1개 추가되어 있음
- 따라서 전체 상자 수는 14 + 2 + 1 = 17개

49 다음 아래 그림의 블록 개수는 몇 개인가?

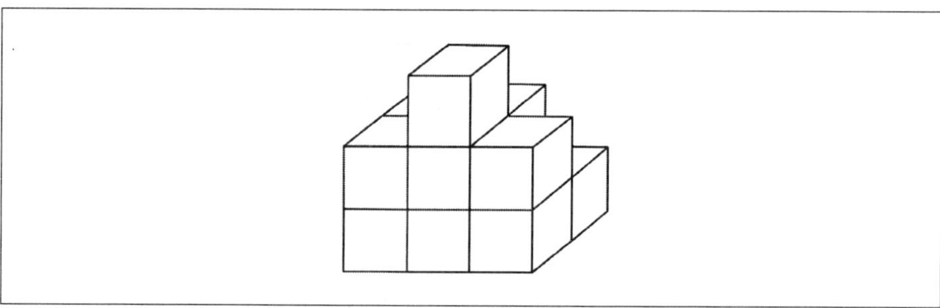

① 8   ② 10

③ 12   ④ 14

◢ **블록 개수 계산**

- 겉모양만 세면 복잡하므로 블록을 이동해 직육면체 형태로 생각하면 계산이 쉬움
- 그림의 블록은 가로 3칸, 세로 2칸, 높이 2칸 구조로 배열된 것으로 볼 수 있음
- 따라서 전체 블록 수는 가로 × 세로 × 높이로 계산함
- 3 × 2 × 2 = 12이므로 전체 블록 개수는 12개임

50 다음 그림의 입체에서 정육면체 블록의 개수를 구하면?

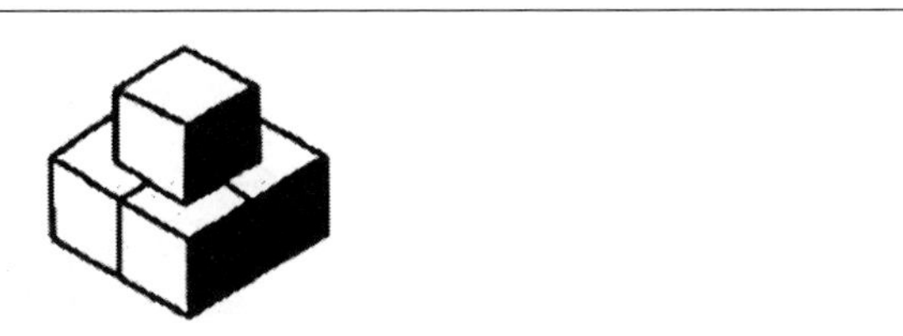

① 4개　　　　　　　　　　② 5개

③ 6개　　　　　　　　　　④ 7개

🔹 **입체 블록 개수 파악**

- 아래층을 보면 앞줄에 2개, 뒤쪽에 3개가 있어 바닥층 블록은 5개임
- 가운데에는 위로 한 개의 블록이 더 쌓여 있음
- 그러나 가운데 블록은 아래 블록 위에 놓인 것으로 새로운 바닥 블록이 아님
- 전체 구조를 보면 실제 사용된 정육면체 블록 수는 5개임

51 다음 그림은 같은 크기의 사각형 상자를 쌓아 놓은 것이다. 상자는 모두 몇 개인가?

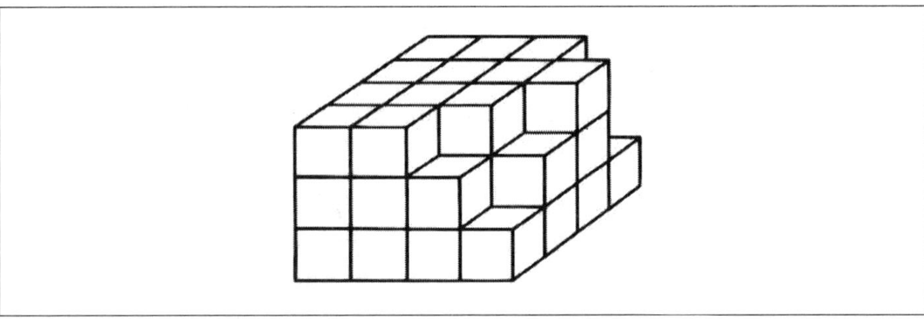

① 40　　　　　　　　　　② 42

③ 46　　　　　　　　　　④ 48

🔹 **블록 개수 계산**

- 전체 형태는 가로 4칸 × 세로 4칸 × 높이 3층 구조로 볼 수 있음
- 각 층이 모두 채워졌다면 총 블록 수는 4 × 4 × 3 = 48개임
- 그림에서 빠진 블록을 층별로 확인하면 1층에서 6개, 2층에서 4개, 3층에서 2개가 빠져 있음
- 빠진 블록 수는 총 12개이므로 실제 블록 수는 48 – 12 = 42개임

✔ **48** ② **49** ③ **50** ② **51** ②

52 다음은 각각 동일한 모양과 크기의 블록이다. 블록의 개수를 구하시오.

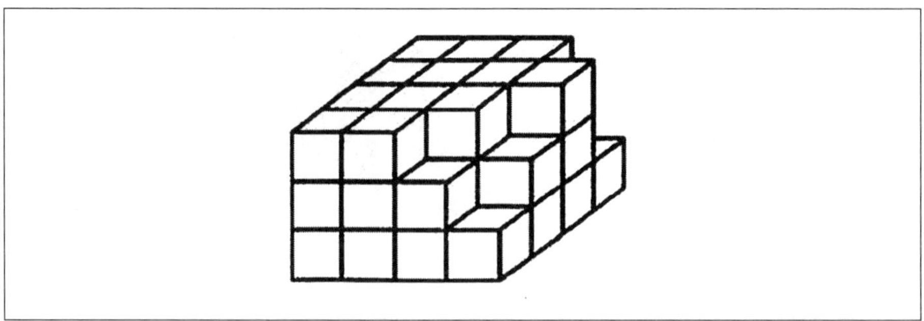

① 42
② 46
③ 48
④ 50

◀ **블록 층별 계산**

- 입체를 층별로 나누어 보면 아래층은 가로 4칸, 세로 3칸으로 12개의 블록으로 구성됨
- 두 번째 층도 동일하게 12개의 블록이 있음
- 세 번째 층은 뒤쪽 일부가 빠져 10개의 블록이 배치됨
- 맨 위층은 8개의 블록으로 구성됨
- 전체 블록 수는 12 + 12 + 10 + 8 = 42개

53 다음은 각각 동일한 모양과 크기의 블록이다. 블록의 개수를 구하시오.

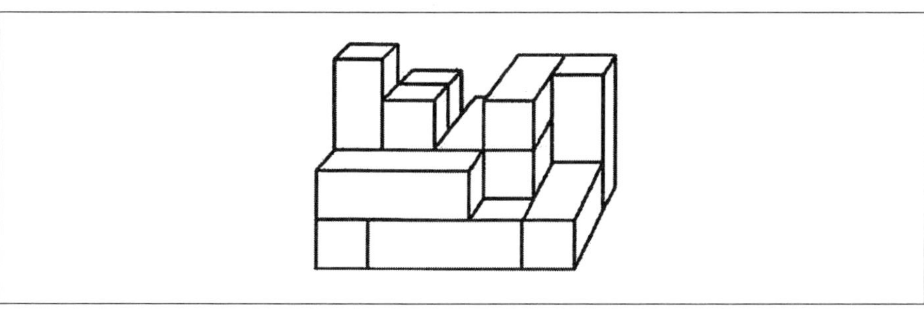

① 12
② 13
③ 14
④ 15

◀ **층별 블록 개수 계산**

- 아래층을 보면 앞쪽에 3개가 보이고, 뒤쪽에도 같은 위치에 블록이 있어 총 6개의 블록으로 이루어짐
- 두 번째 층에는 왼쪽·가운데·오른쪽 부분에 4개의 블록이 쌓여 있음
- 맨 위층에는 왼쪽과 오른쪽에 2개의 블록이 있음
- 전체 블록 수는 6 + 4 + 2 = 12개처럼 보이지만 가운데 뒤쪽에 숨겨진 블록 1개가 더 존재함
- 따라서 전체 블록 수는 13개

54 다음은 각각 동일한 모양과 크기의 블록이다. 블록의 개수를 구하시오.

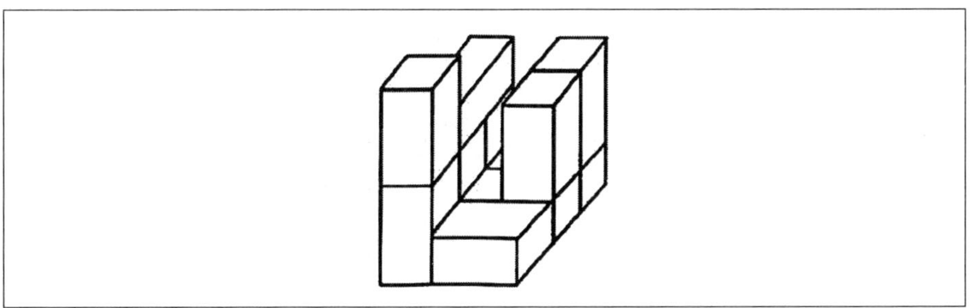

① 10 　　　　　② 11

③ 12 　　　　　④ 13

◀ **층별 블록 개수 계산**
- 앞쪽 아래층에는 왼쪽과 가운데에 2개의 블록이 있음
- 오른쪽 앞에는 한 단 낮게 놓인 1개의 블록이 있음
- 뒤쪽에는 좌우로 세워진 기둥 형태의 블록이 있어 4개의 블록이 있음
- 가운데 부분에는 위층을 지탱하는 3개의 블록이 추가로 있음
- 전체 블록 수는 2 + 1 + 4 + 3 = 10개

55 다음은 각각 동일한 모양과 크기의 블록이다. 블록의 개수를 구하시오.

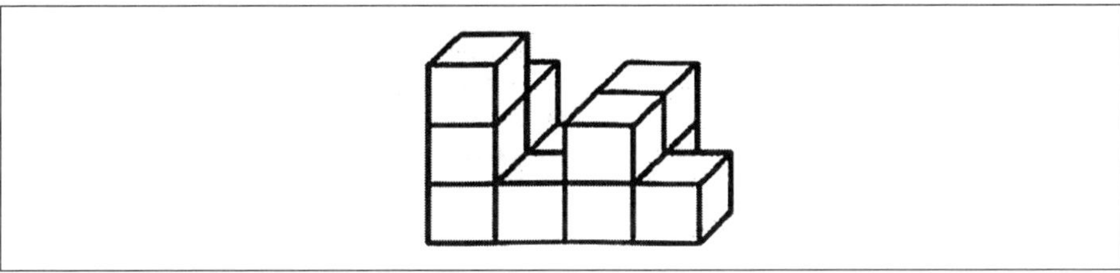

① 10 　　　　　② 11

③ 12 　　　　　④ 13

◀ **층별 블록 개수 계산**
- 아래층을 보면 왼쪽부터 오른쪽까지 4개의 블록이 놓여 있음
- 그 뒤쪽에도 같은 위치에 블록이 있어 아래층 전체는 6개의 블록으로 이루어짐
- 두 번째 층에는 왼쪽 기둥 2개와 가운데·오른쪽 부분을 포함해 4개의 블록이 있음
- 맨 위층에는 가운데 부분에 2개의 블록이 추가로 쌓여 있음
- 전체 블록 수는 6 + 4 + 2 = 12개

56 다음 제시된 블록의 수를 구하시오.

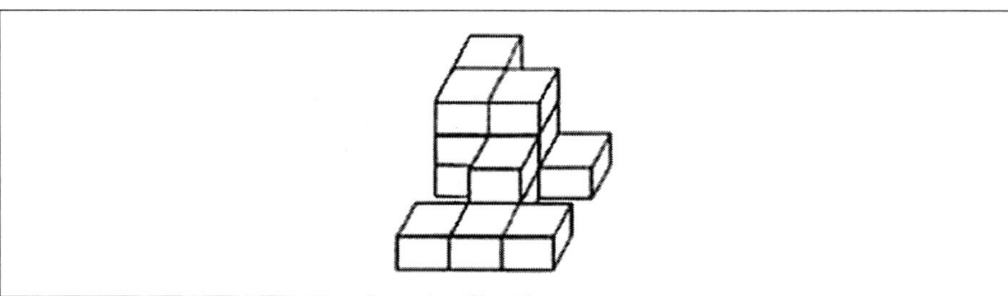

① 13　　　　② 14
③ 15　　　　④ 16

블록 개수 계산

- 맨 아래 바닥층에는 가로로 배열된 블록 4개가 있음
- 두 번째 층에는 중앙 부분에 블록 4개가 쌓여 있음
- 세 번째 층에는 가운데 블록 위에 추가로 2개의 블록이 쌓여 있음
- 오른쪽으로 돌출된 블록 1개와 위쪽 블록을 모두 합하면 전체 블록 수는 15개

57 다음 제시된 블록의 수를 구하시오.

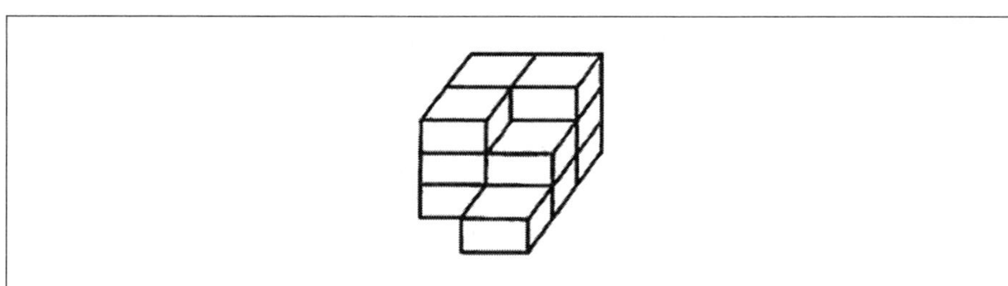

① 11　　　　② 12
③ 13　　　　④ 14

블록 개수 계산

- 아래층에는 뒤쪽 3개와 앞쪽에 돌출된 블록 1개가 있어 총 4개임
- 두 번째 층에는 뒤쪽 줄에 블록 3개와 가운데 블록 1개가 있어 총 4개임
- 세 번째 층에는 위쪽에 블록 3개가 놓여 있음
- 보이는 블록과 가려진 블록을 모두 포함하면 전체 블록 수는 12개

58 다음 제시된 블록의 수를 구하시오.

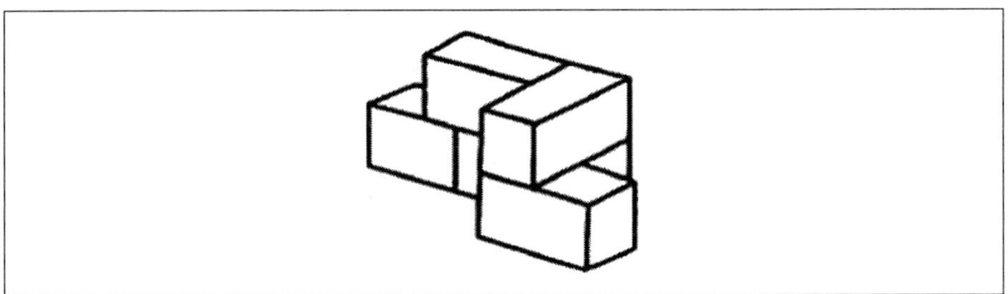

① 5

② 6

③ 7

④ 8

🔹 **블록 개수 계산**
- 왼쪽에 가로로 놓인 블록 1개가 있음
- 가운데 부분에서 서로 연결된 블록 2개가 있음
- 오른쪽 아래에 블록 1개가 연결되어 있음
- 위쪽에 블록 1개가 얹혀 있어 전체 블록 수는 5개

59

도형 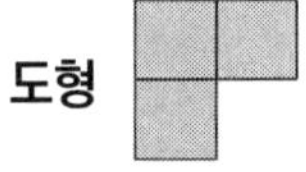 의 2개와 도형 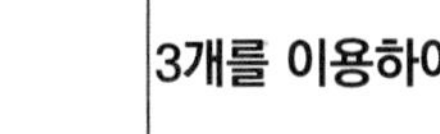 3개를 이용하여 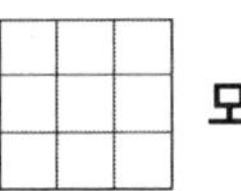 모양의 도형을 만드는

방법은 몇 가지인가?(단, 회전하거나 뒤집어서 같은 모양이 되는 경우는 한 가지로 본다)

① 4

② 6

③ 8

④ 10

🔹 **도형 배치 경우의 수**
- L자 도형은 한 개가 3칸을 차지하므로 2개를 사용하면 총 6칸을 채움
- 3×3 격자는 9칸이므로 남는 3칸은 1칸짜리 정사각형 3개로 채우게 됨
- 따라서 핵심은 3×3 격자 안에 L자 도형 2개를 서로 겹치지 않게 배치하는 경우를 찾는 것임
- 모든 배치를 고려하면 22가지가 나오지만 회전이나 뒤집어 같은 모양은 동일하게 처리함
- 이를 하나로 묶으면 서로 다른 배치 형태는 총 4가지가 됨

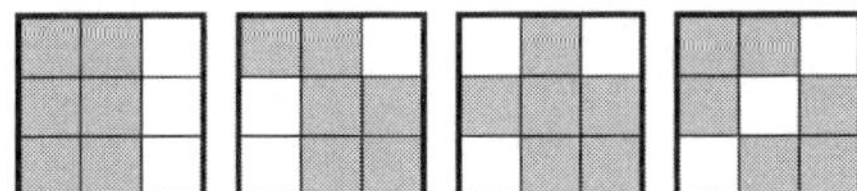

60 다음 주어진 도형에서 사각형을 모두 찾아 그 개수를 구하면?

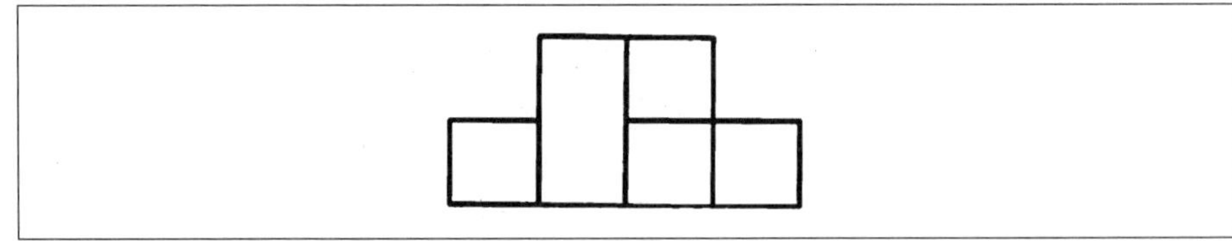

① 7   ② 8

③ 9   ④ 10

사각형 개수 계산

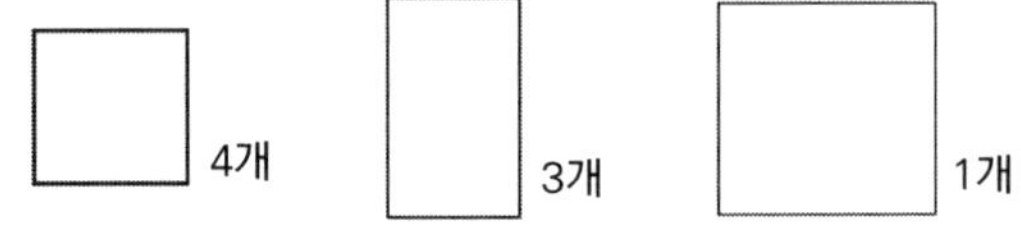

- 따라서 사각형의 총 개수는 4 + 3 + 1 = 8개임

61 다음 주어진 도형에서 삼각형은 모두 몇 개인가?

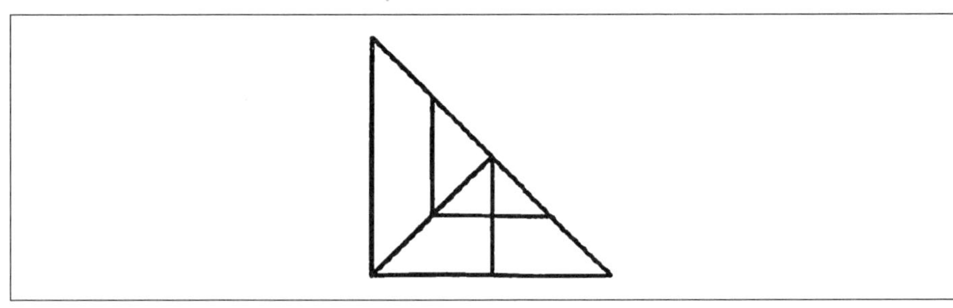

① 10   ② 12

③ 14   ④ 16

삼각형 개수 계산

- 가장 작은 삼각형이 내부에 4개 존재함
- 작은 삼각형 두 개가 합쳐져 만들어지는 중간 크기 삼각형이 3개 존재함
- 내부 선을 포함하여 형성되는 추가 삼각형이 2개 존재함
- 전체 큰 삼각형이 1개 존재함
- 따라서 삼각형의 총 개수는 4 + 3 + 2 + 1 = 10개

62 다음 그림의 한 변의 길이가 1인 색칠한 삼각형을 모두 이용해 만들 수 있는 모양이 아닌 것은?

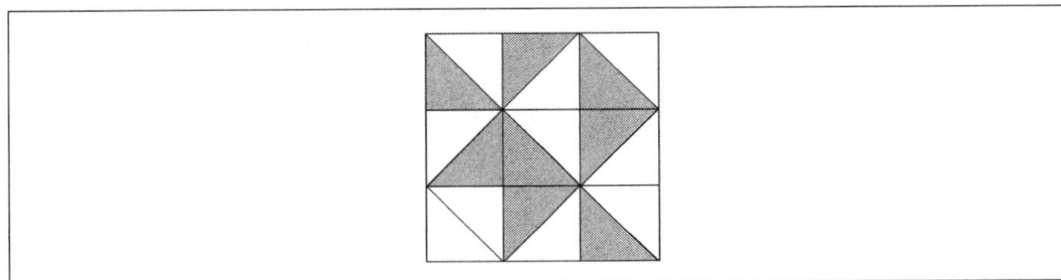

① 정삼각형　　　　　　　② 정사각형

③ 직사각형　　　　　　　④ 사다리꼴

삼각형의 형태

- 색칠한 삼각형은 모두 직각이등변삼각형임
- 직각이등변삼각형을 합치면 직각을 이용한 도형 구성이 가능함
- 따라서 정사각형, 직사각형, 사다리꼴은 구성 가능함
- 그러나 정삼각형은 내각이 모두 60°이므로 직각이등변삼각형으로 구성할 수 없음
- 따라서 만들 수 없는 도형은 정삼각형임

63 다음 그림에 있는 도형의 조각이 아닌 것을 고르면?

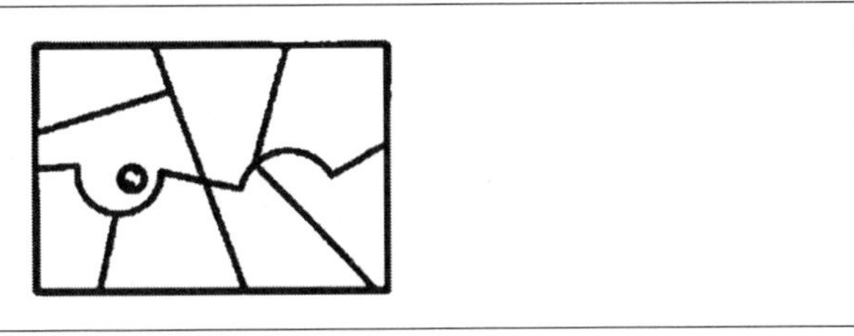

① 　　　　　　② 

③ 　　　　　　④ 

64 다음 그림에 있는 도형의 조각이 아닌 것을 고르면?

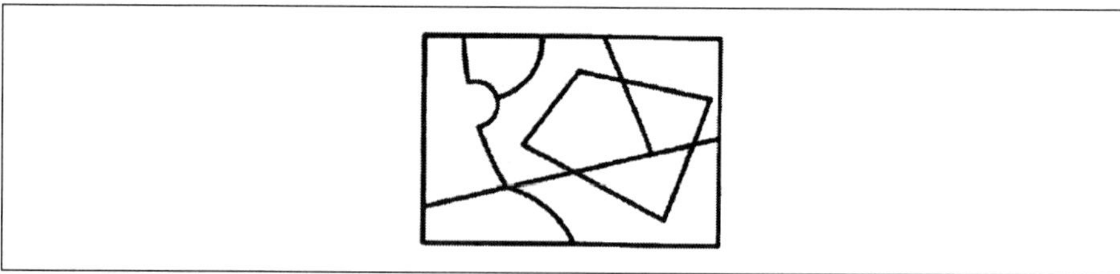

① 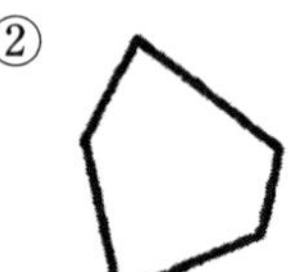 ②

③ ④

65 다음 그림에 있는 도형의 조각이 아닌 것을 고르면?

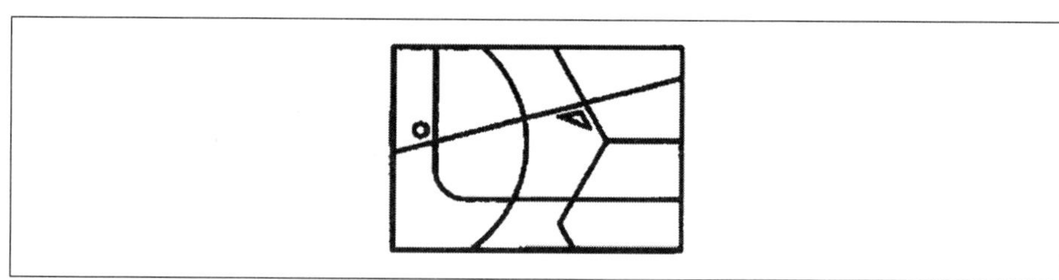

①  ②

③ ④ 

66 다음 그림을 위로 뒤집은 후 오른쪽으로 뒤집으면?

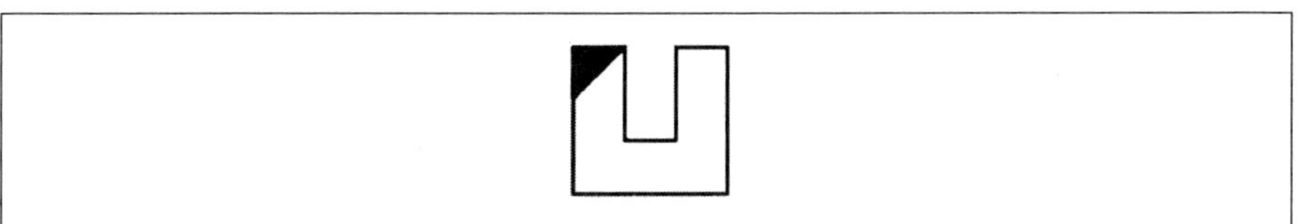

① 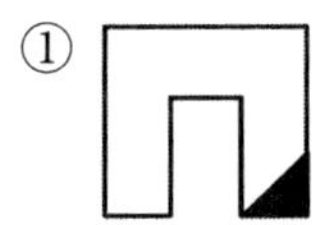　　② 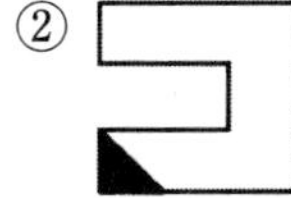

③ 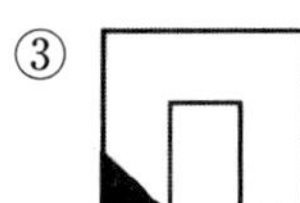　　④ 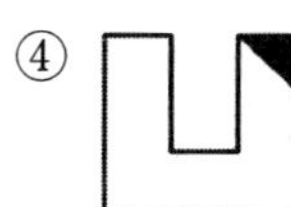

🔻 **도형 뒤집기 변환**
- 처음 도형의 검은 삼각형은 왼쪽 위 모서리에 위치함
- 도형을 위로 뒤집으면 검은 삼각형이 왼쪽 아래 위치로 이동함
- 이후 오른쪽으로 뒤집으면 좌우가 바뀌어 검은 삼각형이 오른쪽 아래 위치가 됨
- 내부 U자 모양의 방향까지 함께 고려하면 해당 형태와 일치하는 것은 ①임

67 다음 그림을 오른쪽으로 뒤집고 시계방향으로 90° 회전 후 위로 뒤집은 그림은?

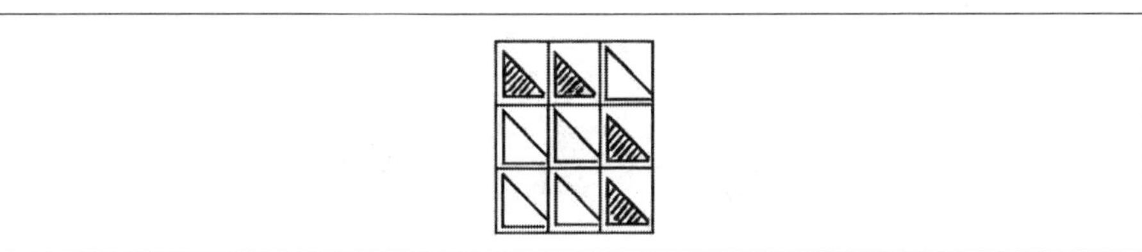

① 　　② 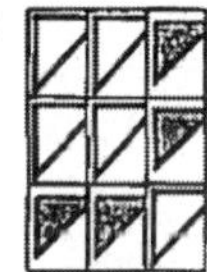

③ 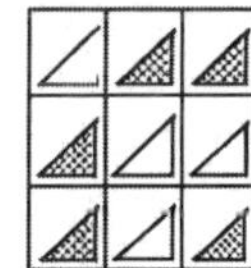　　④ 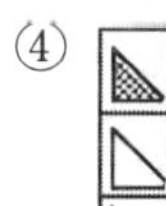

🔻 **도형 변환 순서 적용**
- 먼저 제시된 도형을 좌우 방향으로 뒤집으면 각 칸의 삼각형 방향과 위치가 좌우로 반전됨
- 다음으로 전체 도형을 시계 방향으로 90° 회전하면 행과 열의 위치가 서로 바뀌며 삼각형 배열도 함께 이동함
- 마지막으로 위아래로 뒤집으면 삼각형의 방향이 다시 상하로 반전되면서 최종 배열이 결정됨
- 이 과정을 적용하면 음영 삼각형과 빈 삼각형의 위치가 특정한 배열로 나타남

 64 ③ 65 ① 66 ① 67 ②

68 다음 중 다른 도형은?

① 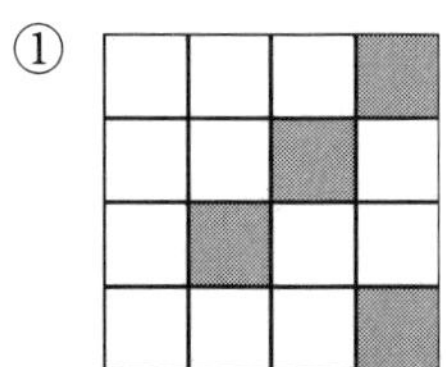

② 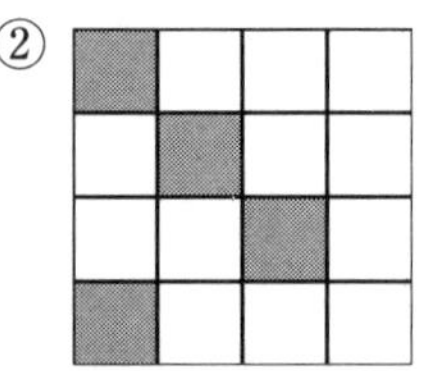

③ 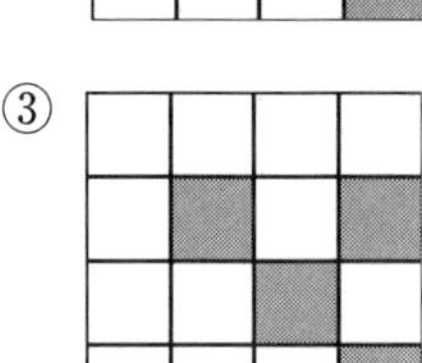

④ 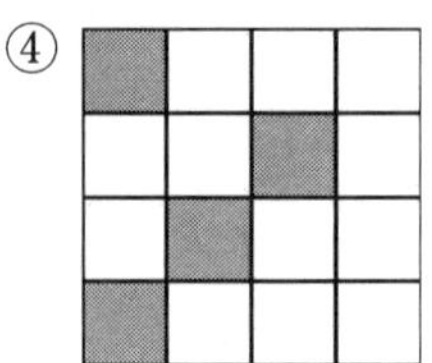

음영 위치 비교

- 각 도형은 4×4 격자 안에서 일부 칸이 음영 처리된 구조임
- ①, ②, ④는 음영 칸의 배치가 서로 회전 또는 대칭 관계에 있음
- 세 도형은 모두 같은 패턴을 방향만 바꾼 형태임

69 다음 그림 중 맨 끝에 올 모양은?

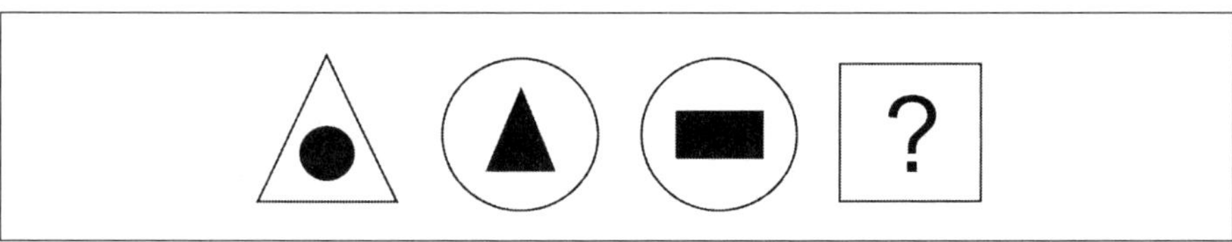

① 

② 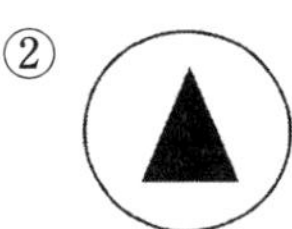

③ 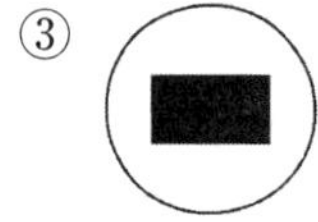

④ 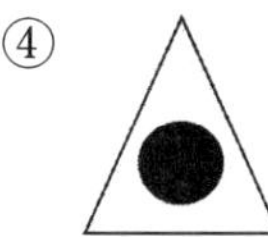

도형 위치 교환 규칙

- 제시된 도형들은 바깥 도형과 안쪽 도형이 서로 교대로 위치를 바꾸는 규칙을 보임
- 첫 번째 도형은 삼각형 안에 원이 있고, 다음 도형에서는 원이 바깥으로 나오고 삼각형이 안으로 들어감
- 이어서 다시 원이 바깥 도형이 되고 안쪽에는 다른 도형이 들어가는 형태로 규칙이 반복됨
- 따라서 마지막 도형은 바깥 도형이 사각형이고 안쪽 도형이 원인 형태가 되어야 함

70 다음 그림 중 면 끝에 올 모양은?

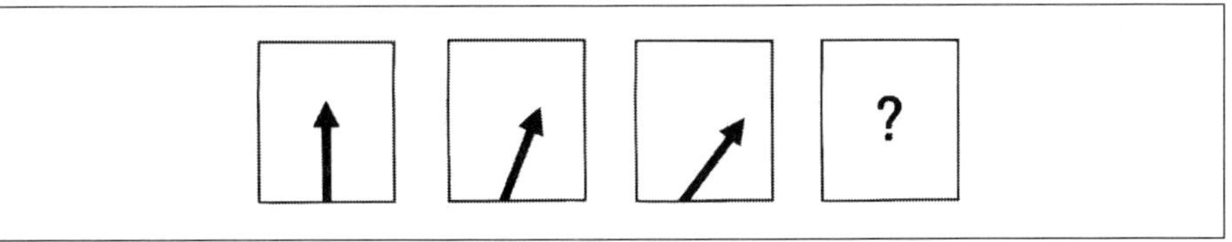

① 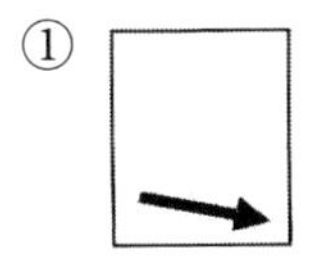

② 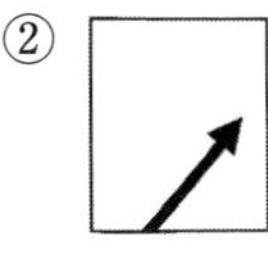

③ 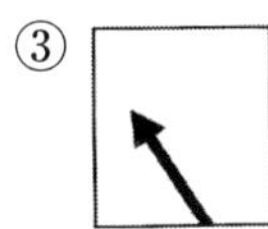

④ 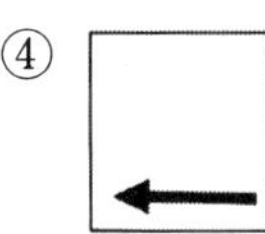

화살표 방향 변화 규칙

- 제시된 그림에서 화살표의 방향은 단계마다 일정한 각도로 회전하고 있음
- 첫 번째는 위쪽 방향, 두 번째는 오른쪽 위 방향, 세 번째는 더 오른쪽으로 기울어진 방향임
- 즉 화살표가 시계 방향으로 점차 회전하는 규칙을 보임
- 다음 단계에서는 오른쪽 방향에 가까운 화살표가 나타나야 함

71 다음의 플러그와 맞는 콘센트는?

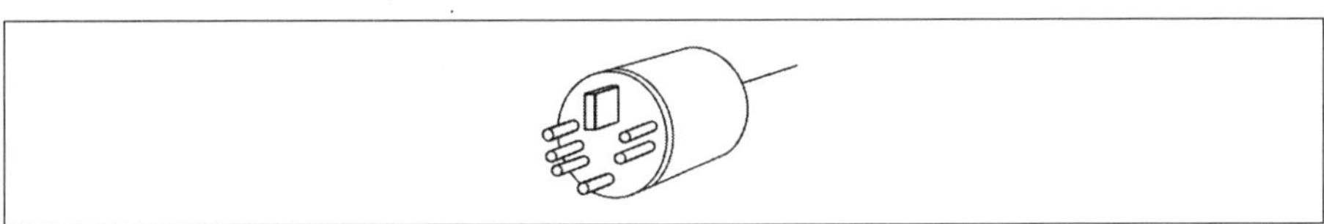

① 

② 

③ 

④ 

플러그와 콘센트 대응

- 제시된 플러그의 단자 배열은 가운데 세로 단자와 양쪽에 위치한 여러 개의 원형 단자로 구성됨
- 콘센트는 플러그 단자의 위치와 개수가 정확히 일치해야 결합 가능함
- 보기 중 ④는 중앙의 세로 홈과 좌우의 원형 구멍 배열이 플러그 단자 위치와 동일하게 대응됨
- 다른 선택지는 구멍의 개수 또는 위치가 플러그 단자와 맞지 않음

72 다음 그림을 왼쪽으로 뒤집고, 위로 뒤집고, 시계 방향으로 270도 회전한 그림은?

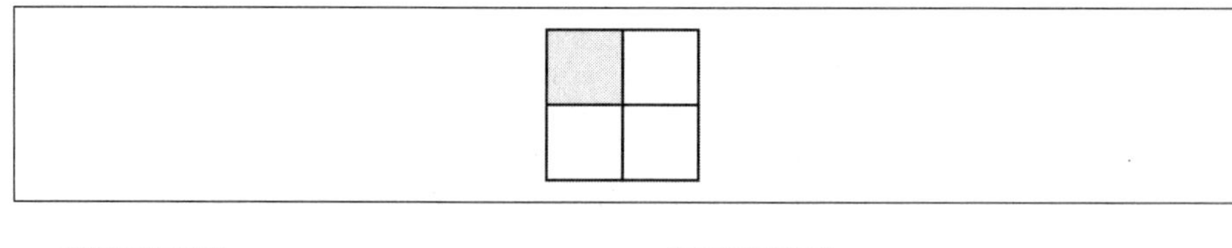

① ② ③ ④

도형 뒤집기와 회전

- 처음 그림은 2×2 격자에서 좌상단 칸에 음영이 있는 형태임
- 왼쪽으로 뒤집으면 좌상단 음영이 우상단으로 이동함
- 위로 뒤집으면 우상단 음영이 우하단으로 이동함
- 이후 시계 방향으로 270도 회전하면 우하단 음영이 우상단 위치로 이동함
- 최종적으로 우상단 칸이 음영인 배열이 됨

73 다음 모양을 거울에 비출 때 나올 수 있는 것은?

& % ⬜

① △ % &   ② & % ⬜
③ ⬜ % ⅋   ④ & % ⬜

거울 대칭 도형 판단

- 거울에 비친 모습은 좌우 방향이 서로 반대로 뒤집혀 나타나는 특징이 있음
- 제시된 기호 배열은 왼쪽부터 &, %, 사다리꼴 순서임
- 거울에 비추면 배열 순서는 사다리꼴, %, &의 순서로 바뀌게 됨

74 다음 그림 중 맨 끝에 올 모양은?

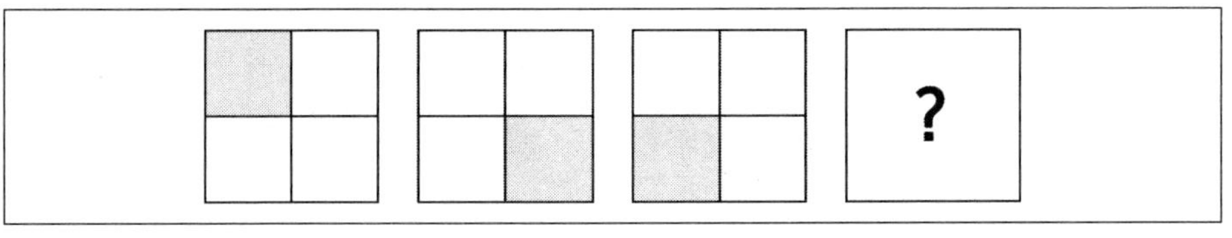

🔹 **도형 위치 규칙 찾기**
- 제시된 그림은 2×2 정사각형에서 음영 칸의 위치가 이동하는 규칙임
- 1번째는 왼쪽 위 → 2번째는 오른쪽 아래로 대각선 이동
- 3번째는 왼쪽 아래로 이동하였으므로 다음은 오른쪽 위 위치가 됨
- 따라서 마지막에 올 모양은 오른쪽 위 칸이 음영인 그림임

75 아래 그림 중 세 개는 동일한 그림을 회전한 것이다. 단순히 회전만으로 얻을 수 없는 그림은?

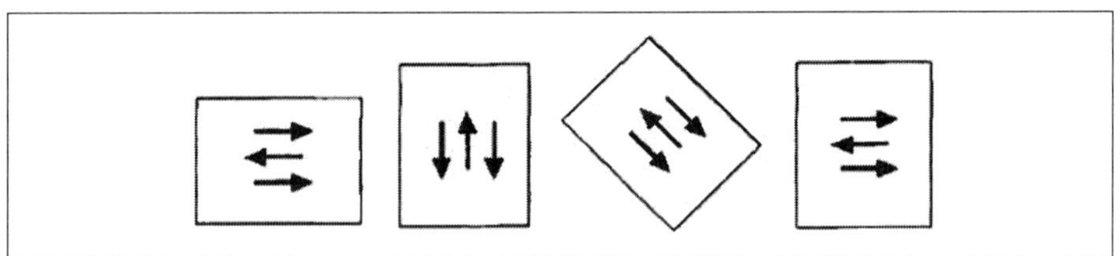

① 첫 번째 그림 ② 두 번째 그림
③ 세 번째 그림 ④ 네 번째 그림

🔹 **회전 도형 판단**
- 회전은 도형의 방향만 바뀌고 화살표들의 상대적 배열 구조는 유지됨
- 첫 번째 그림을 90° 회전하면 두 번째 그림과 같은 세로 배열이 됨
- 같은 도형을 대각 방향으로 회전하면 세 번째 그림과 같은 형태가 가능함
- 그러나 네 번째 그림은 화살표 방향 배열이 원형과 일치하지 않아 단순 회전으로 만들 수 없음

72 ③ 73 ③ 74 ③ 75 ④

76 다음 그림 중 맨 끝에 올 모양은?

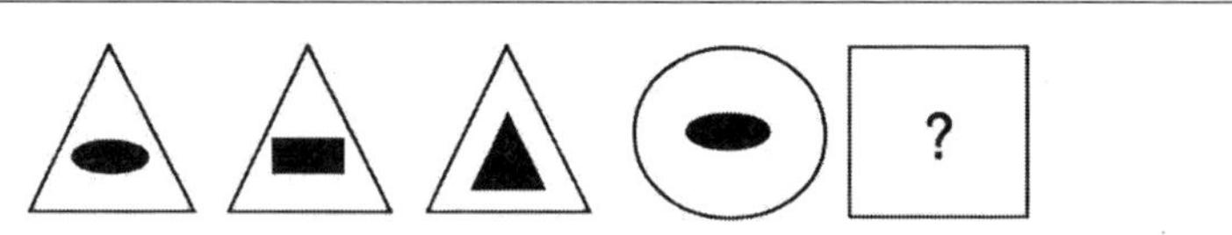

① 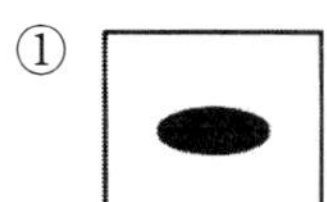

② 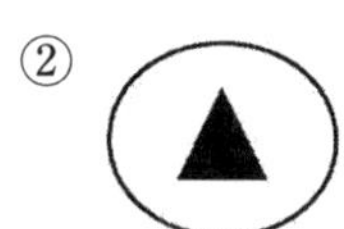

③ 

④ 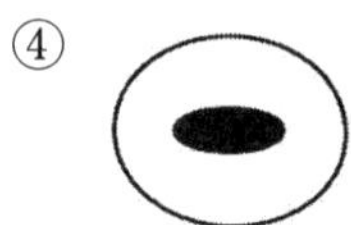

◢ **도형 규칙 찾기**

- 바깥 도형은 삼각형이 3번 반복된 후 원으로 바뀌는 규칙임
- 내부 도형은 타원 → 직사각형 → 삼각형 순서로 반복됨
- 네 번째 그림은 내부 도형이 다시 타원으로 시작된 상태임
- 다음 그림은 내부 도형 순서에 따라 직사각형이 와야 함
- 따라서 원 안에 직사각형이 들어간 그림이므로 정답은 ③임

77 다음 그림을 시계방향으로 180도 회전한 후, 오른쪽으로 뒤집고, 시계 반대방향으로 90도 회전한 그림은?

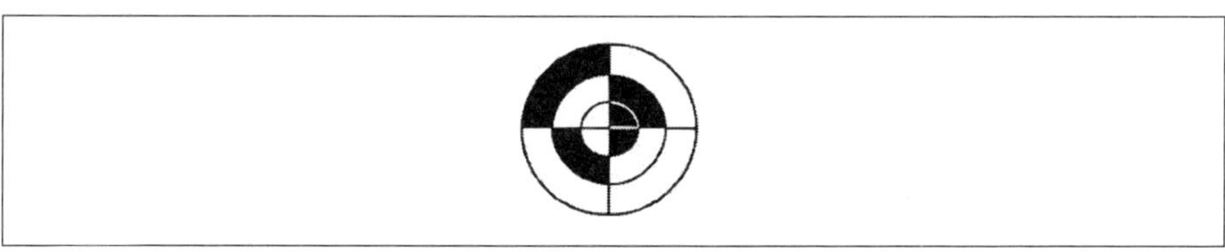

① 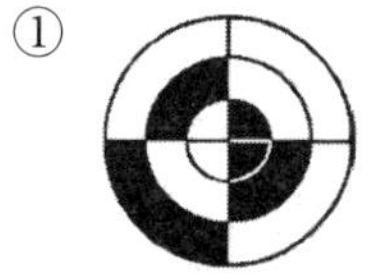

② 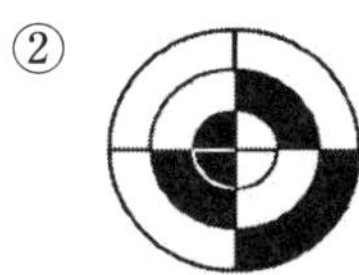

③ 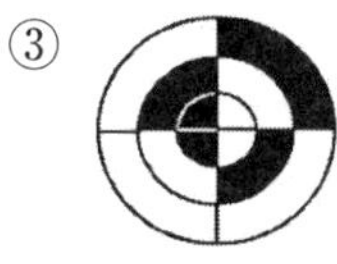

④ 

◢ **도형 회전과 뒤집기**

- 처음 도형을 시계방향으로 180도 회전하면 위아래와 좌우 위치가 서로 바뀜
- 그 상태에서 오른쪽으로 뒤집으면 좌우 방향이 다시 반전됨
- 이후 시계 반대방향으로 90도 회전하면 검은 영역의 위치가 하단 오른쪽 방향으로 이동함

78 다음 그림 중 맨 끝에 올 모양은?

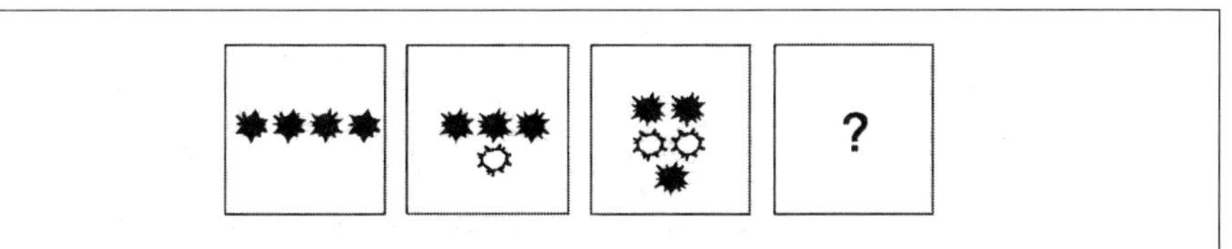

① 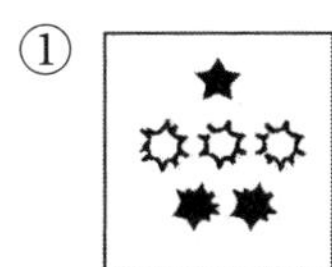

② 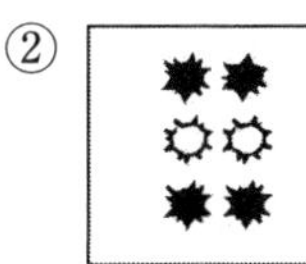

③ 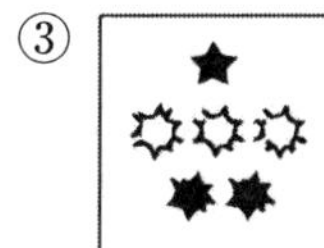

④ 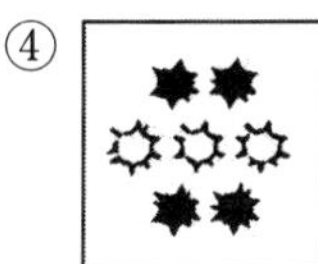

🔖 **도형 배열 규칙 추론**

- 제시된 그림은 별 모양과 톱니 모양의 위치가 단계적으로 변하는 규칙을 따름
- 별 모양은 위쪽에서 감소하거나 위치가 이동하며 톱니 모양과 교대되는 형태로 배열됨
- 세 번째 그림 이후에는 위쪽에 별이 1개 남고 아래쪽에 톱니 모양 3개가 배열되는 형태가 이어짐
- 따라서 빈칸에 들어갈 모양은 위에 별 1개, 아래에 톱니 3개인 ①임

79 다음 퍼즐 판의 조각 A에 들어갈 모양은?

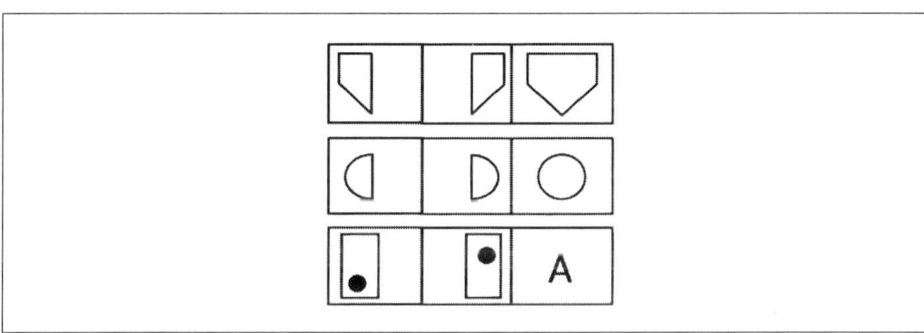

① 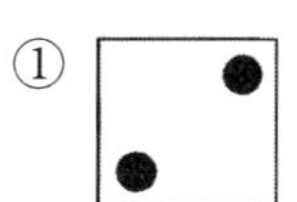

② 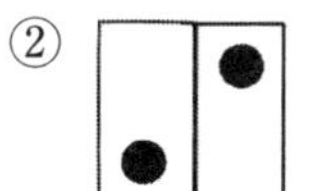

③ 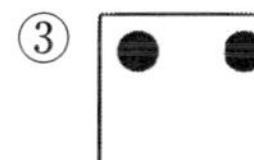

④ 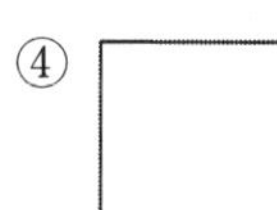

퍼즐 조각 결합 규칙

- 첫 번째 줄은 두 개의 조각을 합치면 오른쪽의 큰 모양이 되는 구조임
- 두 번째 줄도 왼쪽과 가운데 조각이 결합하여 오른쪽의 원형 모양을 형성함
- 따라서 세 번째 줄 역시 왼쪽 조각과 가운데 조각이 결합하면 하나의 모양이 되어야 함
- 왼쪽 조각의 점과 가운데 조각의 점을 결합하면 두 점이 대각선 위치에 있는 모양이 됨

80 주어진 용기에 물을 일정한 속도로 부었을 때 수면의 높이가 다음 그래프와 같이 주어졌다. 이때 용기의 모양은?

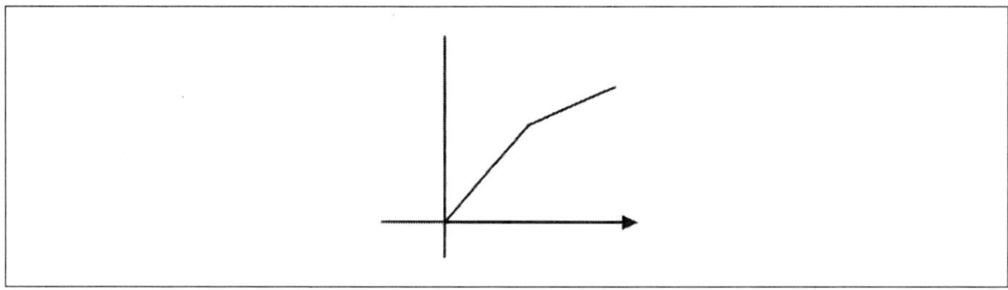

① 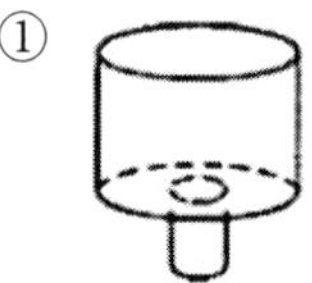

② 

③ 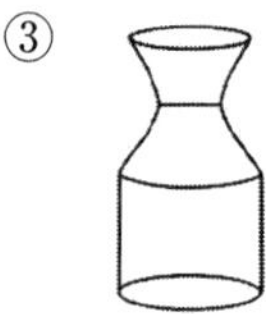

④ 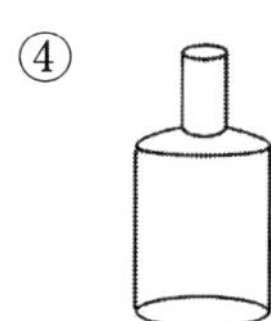

용기 단면적 변화와 수면 상승 속도

- 일정한 속도로 물을 부으면 수면 높이 증가 속도는 단면적에 따라 달라짐
- 그래프의 처음 구간은 기울기가 커서 단면적이 작은 부분임을 의미함
- 이후 기울기가 작아지는 구간은 단면적이 커져 수면 상승 속도가 느려지는 구간임
- 아래쪽이 좁고 위쪽이 넓어지는 구조와 대응

81 다음 그림을 시계방향으로 90° 회전한 후 위로 뒤집은 그림은?

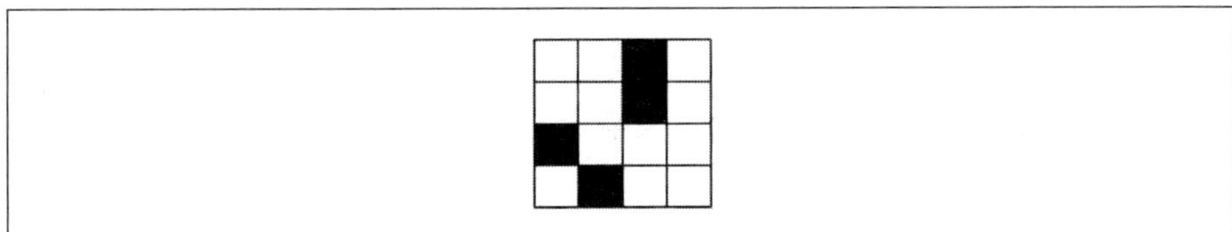

①  ② 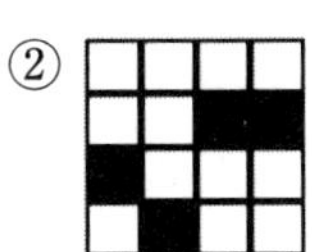

③ 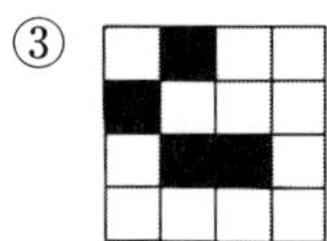 ④ 

📌 도형 회전 후 상하 뒤집기

- 먼저 제시된 격자 도형을 시계방향으로 90° 회전시키면 검은 블록의 위치가 오른쪽 방향으로 이동하며 재배치됨
- 이후 도형을 위아래로 뒤집으면 상단과 하단의 위치가 서로 교환됨
- 이 과정에서 연결된 두 개의 검은 블록의 형태와 위치 관계가 그대로 유지되는지 확인해야 함

82 다음 그림의 맨 끝에 올 모양은?

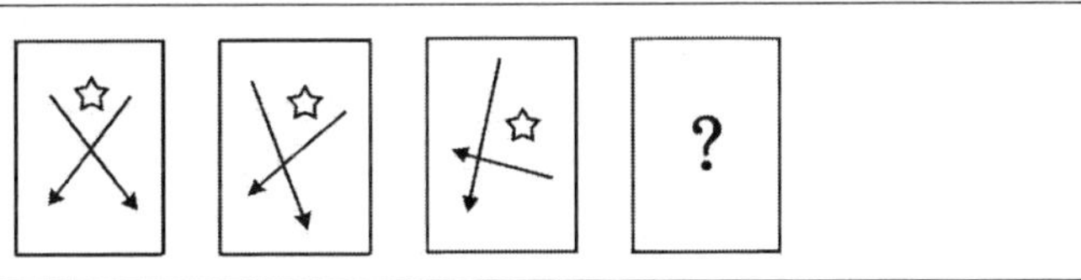

① 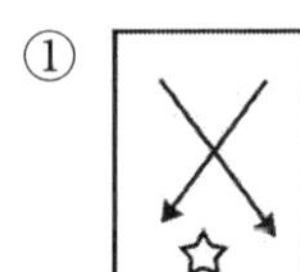 ② 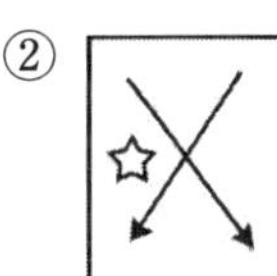

③ 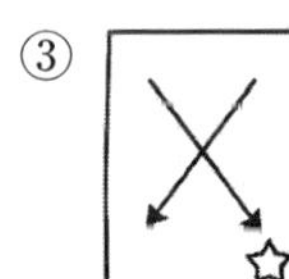 ④ 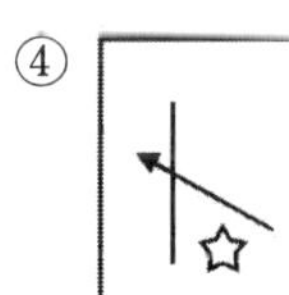

📌 도형 회전 규칙

- 제시된 그림에서 두 선의 방향이 단계마다 일정한 각도로 회전함
- 별의 위치도 선의 회전에 따라 시계방향으로 이동함
- 1 → 2 → 3번째 그림에서 별이 위 → 오른쪽 → 아래 방향으로 이동하는 규칙임
- 다음 단계에서는 선이 다시 회전하고 별이 아래쪽에 위치하는 형태가 됨

03   도형 규칙 추론

83   다음 빈칸에 알맞은 그림으로 옳은 것을 고르면?

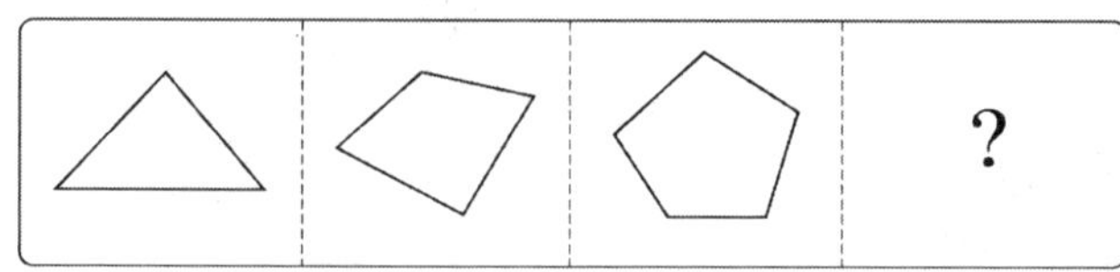

①    ② 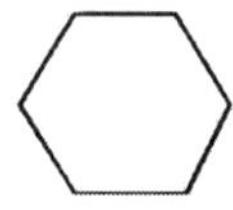

③    ④ 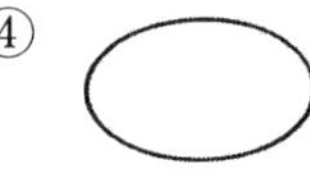

도형의 규칙

- 제시된 도형은 변의 개수가 순서대로 증가하고 있음
- 첫 번째 도형은 변이 3개인 삼각형임
- 두 번째 도형은 변이 4개인 사각형, 세 번째 도형은 변이 5개인 오각형임
- 따라서 다음 도형은 변이 6개인 육각형이 됨

84   다음의 도형들은 일정한 규칙에 따라 배열되어 있다. (   ) 안에 들어갈 알맞은 도형을 고르시오.

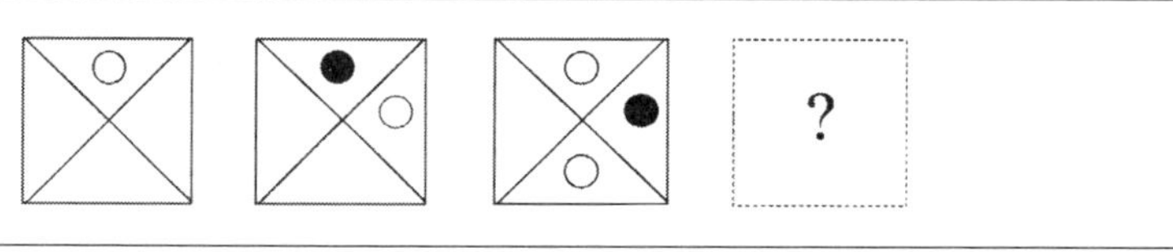

① 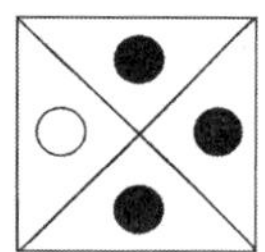   ② 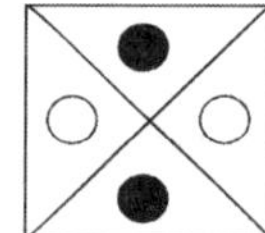

③ 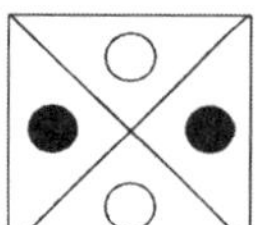   ④ 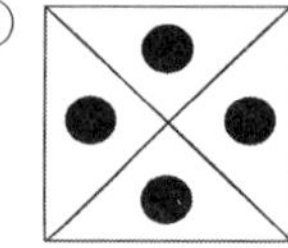

도형 배열 규칙

- 작은 원의 위치가 시계 방향으로 한 칸씩 이동하는 규칙을 보임
- 각 단계마다 작은 원의 개수가 하나씩 증가하는 형태임
- 원의 색은 흰색과 검은색이 번갈아 나타나는 규칙이 유지됨
- 이러한 위치 이동과 색 배열을 모두 만족하는 도형은 ②임

85 다음 A에 들어갈 도형으로 알맞은 것은?

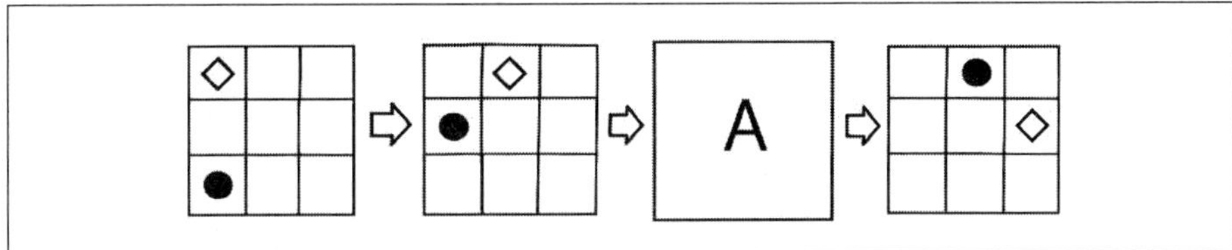

① 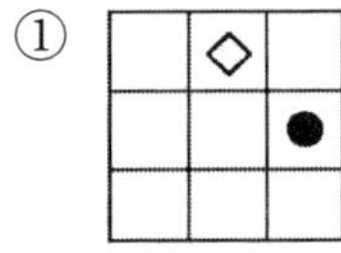

② 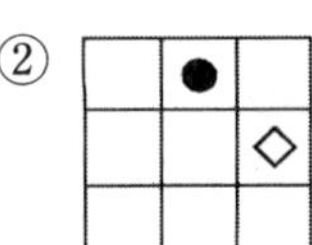

③ 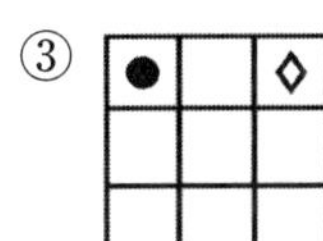

④ 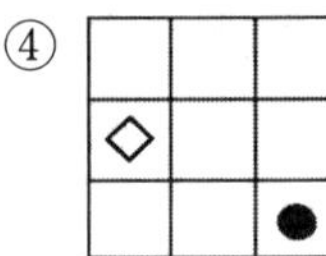

위치 이동 규칙

- 첫 번째 그림에서 마름모는 왼쪽 위, 검은 점은 왼쪽 아래에 위치함
- 두 번째 그림에서는 두 도형이 각각 오른쪽 방향으로 한 칸 이동함
- 같은 규칙이 계속 적용되면 다음 단계에서는 두 도형이 다시 이동하여 검은 점이 왼쪽 위, 마름모가 오른쪽 위에 위치함
- 이후 단계에서는 다시 이동하여 네 번째 그림의 위치가 되므로 A에는 ③이 들어감

83 ② 84 ② 85 ③

86 다음의 도형들은 일정한 규칙에 따라 배열되어 있다. (   ) 안에 들어갈 알맞은 도형을 고르시오.

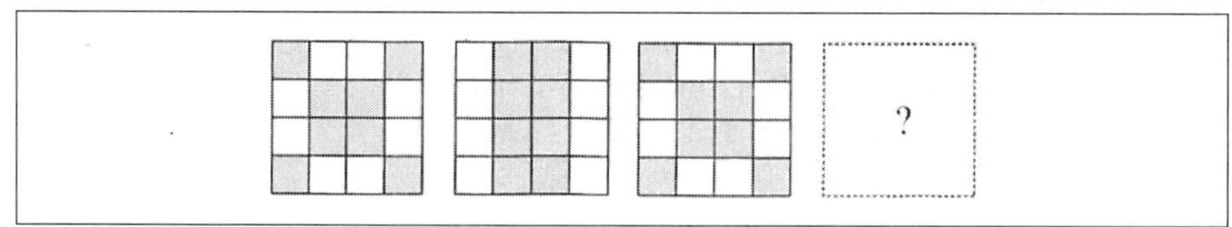

① ②

③ ④

격자 음영 배열 규칙

- 각 도형은 동일한 크기의 격자로 이루어져 있으며 일부 칸에 음영이 표시됨
- 음영이 있는 부분이 왼쪽에서 가운데, 다시 오른쪽으로 이동하는 형태의 규칙을 보임
- 동시에 음영의 위치가 한 칸씩 이동하면서 전체 배열의 중심 축이 이동함
- 이러한 이동 규칙을 만족하는 도형은 ②이므로 정답은 ②임

87 왼쪽의 도형과 같은 관계가 되도록 (?)에 들어갈 알맞은 도형을 고르시오.

① 
② 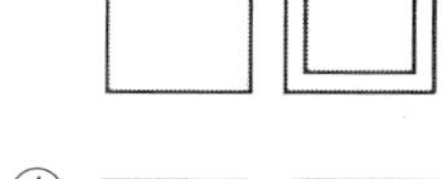
③ 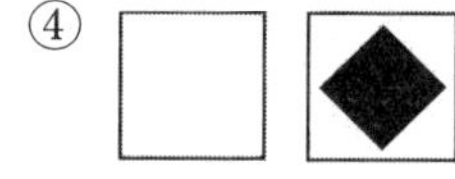
④

대칭 관계 도형 찾기

- 왼쪽 제시 도형은 흰 원과 검은 원의 위치가 서로 대칭으로 배열되어 있음
- 앞의 두 도형의 순서가 뒤의 두 도형에서 서로 위치가 바뀌는 구조임
- 즉 흰색 다음 검은색이 나타난 뒤 다시 검은색 다음 흰색으로 대칭 배열을 형성함
- 같은 관계를 적용하면 흰색 정사각형 다음 검은색 정사각형이 대응됨

88 다음 4개의 도형 중 다른 것을 하나 고르시오.

① 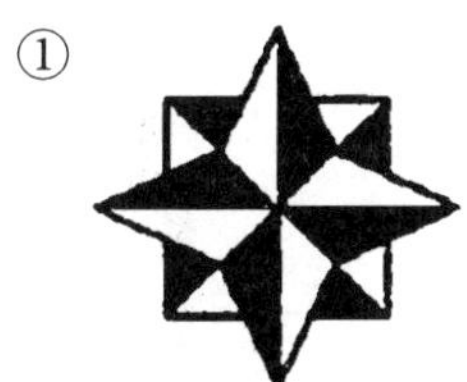

② 

③ 

④ 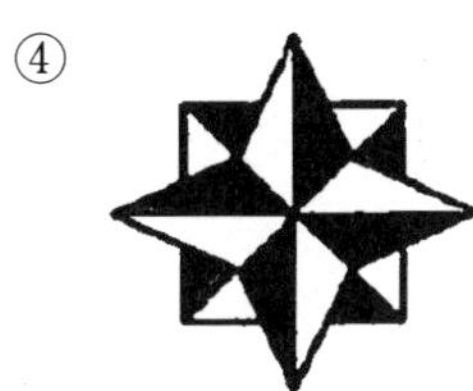

도형의 방향과 대칭 비교

- ①, ③, ④는 중심을 기준으로 상하좌우 방향의 삼각형이 같은 방향 구조를 이루고 있음
- 중심에서 뻗은 삼각형의 배열이 서로 동일한 회전 대칭 형태를 보임
- 반면 ②는 일부 삼각형의 방향이 달라 다른 도형들과 동일한 대칭 구조를 이루지 않음

89 다음 4개의 도형 중 다른 것을 하나 고르시오.

① 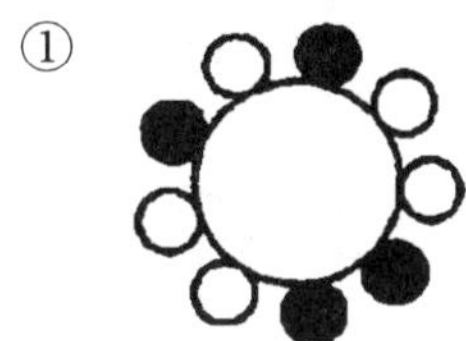

② 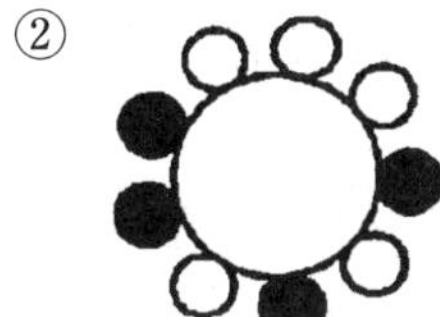

③ 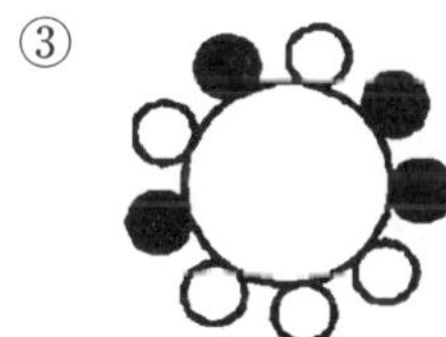

④ 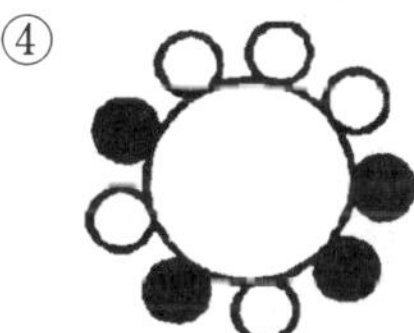

원의 색 배열 비교

- 가운데 큰 원을 중심으로 작은 원들이 원형으로 배열되어 있음
- ②, ③, ④는 회전시키면 서로 같은 색 배열 구조가 되는 회전 대칭 관계임
- 즉 세 도형은 회전만으로 동일한 배열 형태가 됨

90 다음 도형의 나열에서 공통된 규칙을 찾아 빈칸에 들어갈 알맞은 도형을 고르시오.

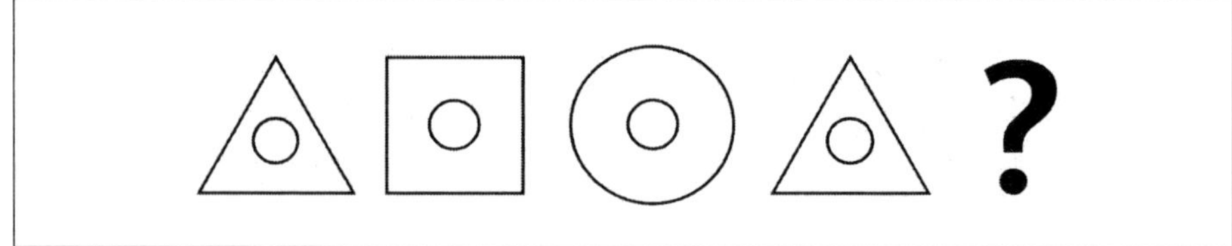

① 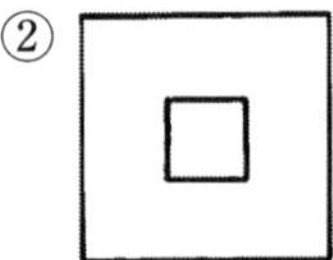

②

③ 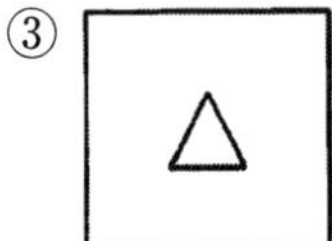

④ 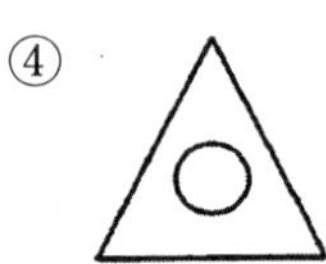

🔺 **도형 배열 규칙**

- 바깥 도형은 삼각형 → 사각형 → 원의 순서로 반복됨
- 따라서 다음 바깥 도형은 사각형이 되어야 함
- 내부 도형은 계속 원으로 유지되고 있음
- 따라서 바깥은 사각형, 내부는 원인 도형이 들어가야 함

91 다음 도형의 나열에서 공통된 규칙을 찾아 빈칸에 들어갈 알맞은 도형을 고르시오.

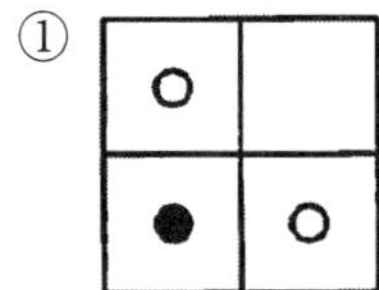

①

② 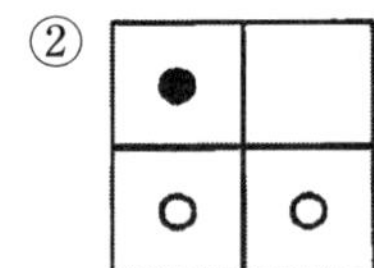

③ 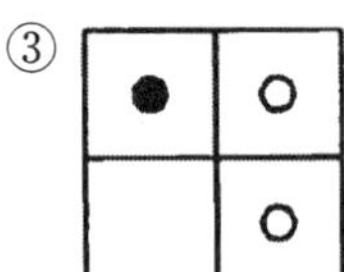

④ 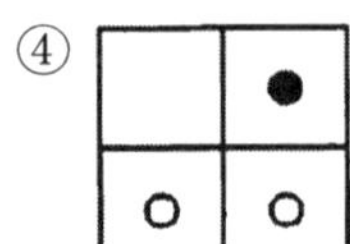

원 위치 이동 규칙

- 도형은 항상 2×2 격자 구조를 유지함
- 채워진 원(●)은 매 단계마다 위치가 이동하며 반복 패턴을 형성함
- 빈 원(○)의 개수는 일정하게 유지되며 위치만 일부 변함
- 제시된 배열의 이동 규칙을 적용하면 다음 단계에서는 ●가 좌상단에 위치하고 하단 두 칸에 ○가 배치됨

92 다음 도형의 나열에서 공통된 규칙을 찾아 빈칸에 들어갈 알맞은 도형을 고르시오.

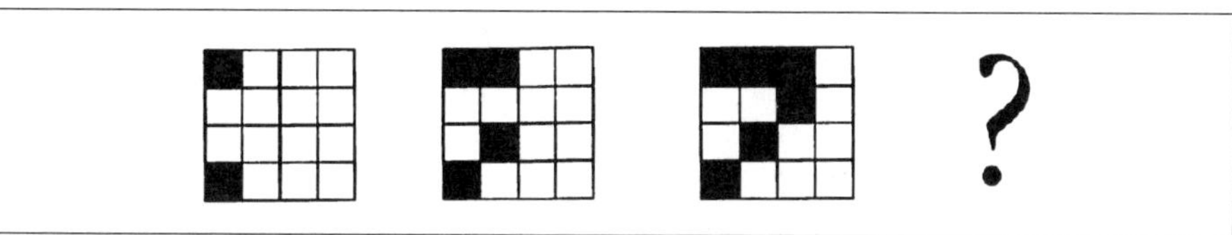

① 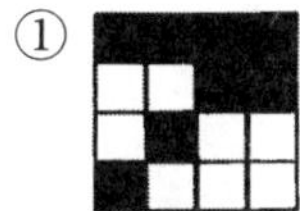   ② 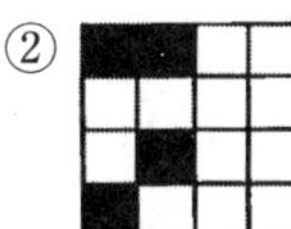

③ 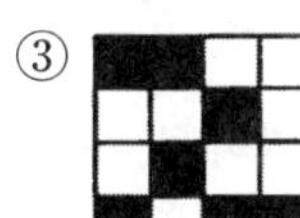   ④ 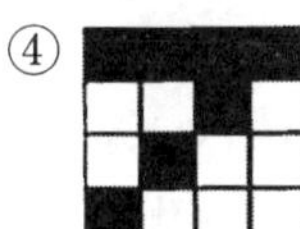

93 다음 도형을 위에서 내려다보았을 때의 형태를 고르면?

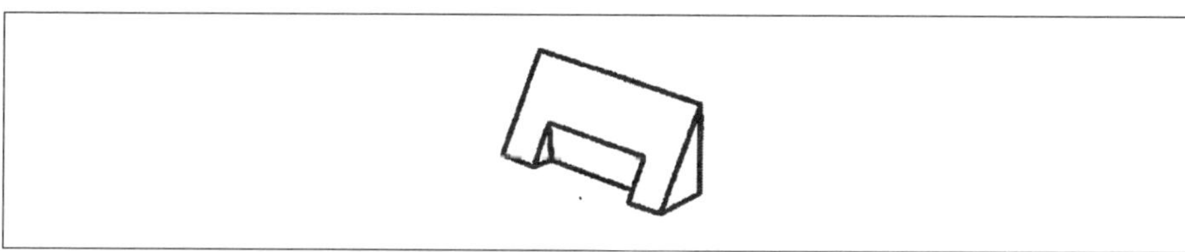

①    ② 

③    ④ 

94 다음 도형을 위에서 내려다 본 모양은?

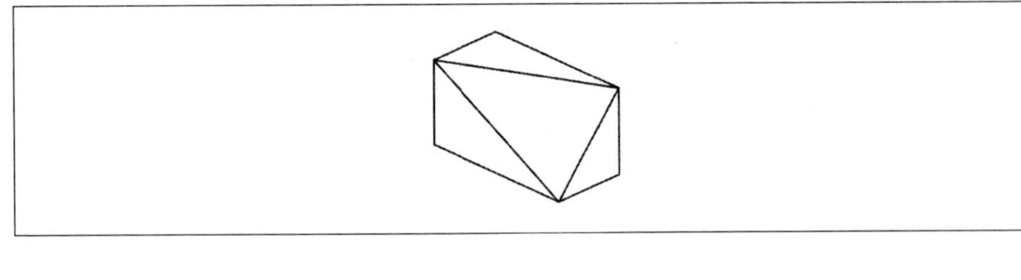

① ② ③ ④

🔹 **위에서 본 도형의 선 연결**

- 제시된 입체도형의 윗면은 사각형 형태이며 내부에 대각선이 한 개 존재함
- 위에서 내려다보면 앞뒤 깊이는 보이지 않고 윗면의 외곽선과 내부 선만 나타남
- 윗면의 대각선은 왼쪽 아래에서 오른쪽 위 방향으로 연결된 형태임
- 보기 중 사각형 내부에 동일한 방향의 대각선이 있는 도형은 ④임

95 정육면체를 쌓아 정면, 측면(오른쪽, 왼쪽 모두), 위에서 보았을 때의 모양이 다음과 같았다. 몇 개의 정육면체를 쌓아 올렸는가?

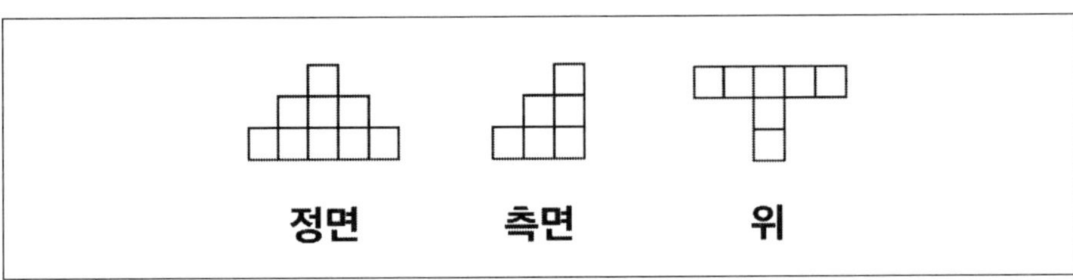

① 13 ② 12

③ 11 ④ 10

🔹 **정면·측면·위에서 본 높이 비교**

- 위에서 본 모양은 가로로 5칸이 일렬로 배열된 형태임
- 정면에서 보면 가운데로 갈수록 높이가 증가하는 계단형 구조이며 최대 높이는 3층임
- 측면에서는 오른쪽으로 갈수록 높이가 증가하여 각각 1층, 2층, 3층 구조임을 알 수 있음
- 위에서 본 5칸 중 가운데 3칸은 높이가 각각 1층, 2층, 3층이며 양쪽 끝은 1층 구조임
- 각 위치의 높이를 합하면 1+2+3+2+1 = 9층이 아니라 측면 조건을 반영하면 총 12개의 정육면체가 필요함
- 따라서 쌓은 정육면체의 개수는 12개

96 다음 도형을 위에서 내려다보았을 때의 형태를 고르면?

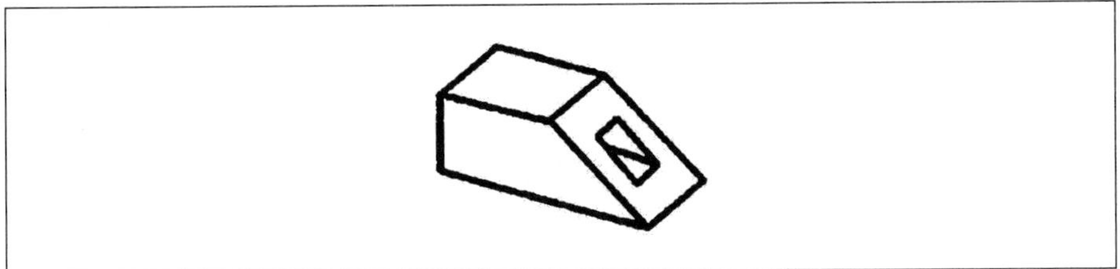

① ② ③ ④

97 다음 도형을 위에서 내려다보았을 때의 형태를 고르면?

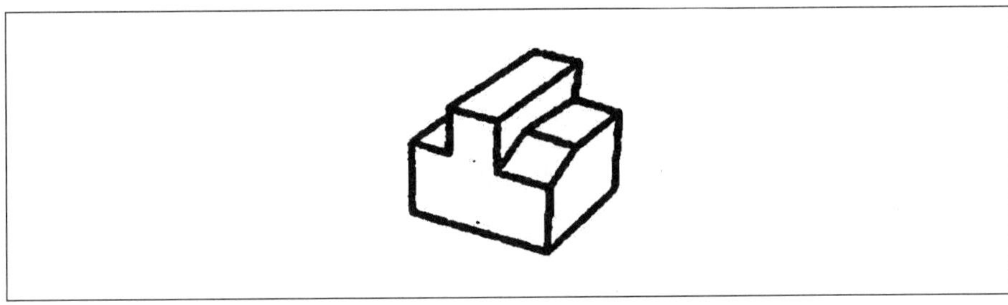

① 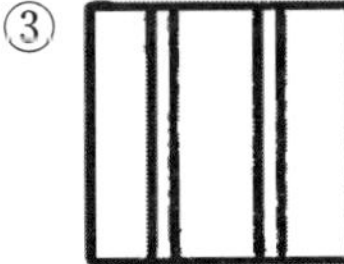 ②

③ ④ 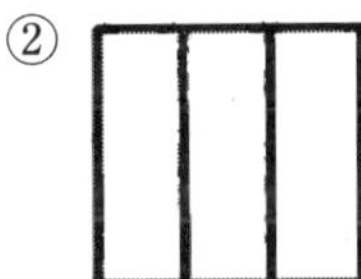 

98 다음 중 제시된 도형과 같은 도형을 찾으시오.

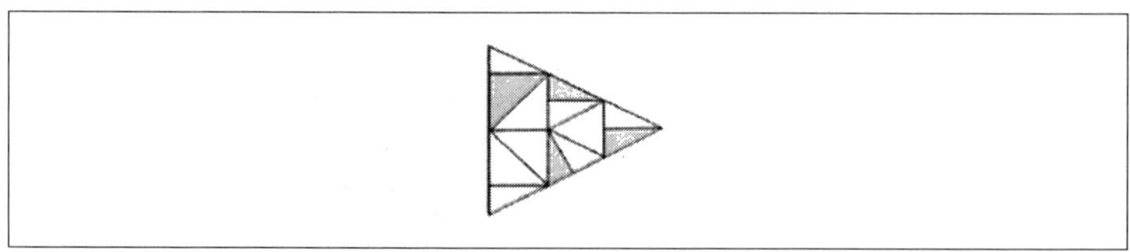

① 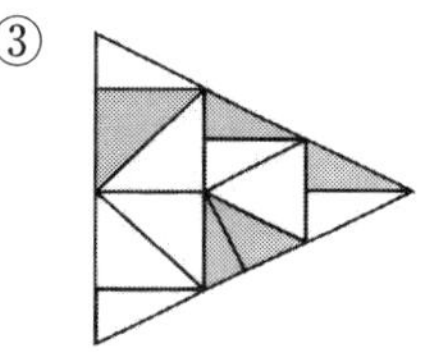 ② 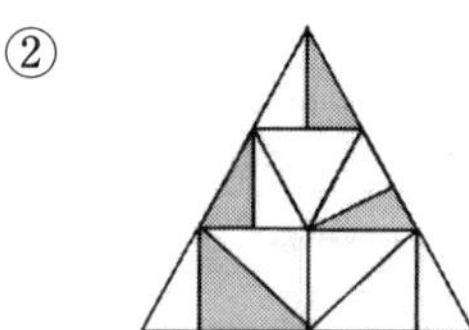

③ ④ 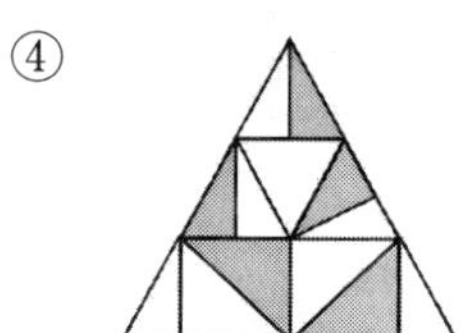

🔸 **삼각형 분할 구조 비교**

- 제시된 도형은 큰 삼각형 내부가 여러 개의 작은 삼각형으로 동일한 방향으로 분할된 구조임
- 같은 도형이 되려면 전체 삼각형의 방향과 내부 분할선의 위치가 모두 동일해야 함

99 다음의 도형을 선에 따라 절단할 때 나타나는 절단면을 고르시오.

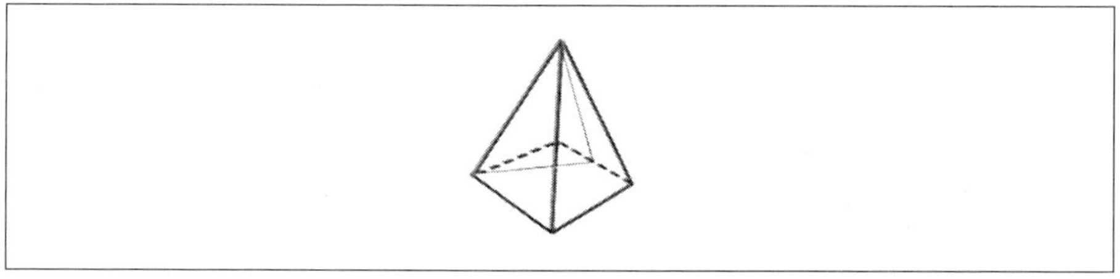

① 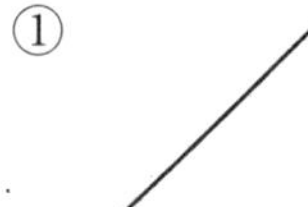 ② 

③ 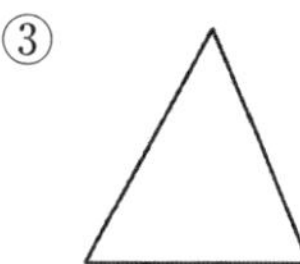 ④ 

◀ **입체도형 절단면 판단**

- 제시된 도형은 위에 꼭짓점이 있는 피라미드 형태의 입체도형임
- 점선으로 표시된 절단면은 꼭짓점을 지나지 않고 옆면의 세 모서리를 지나도록 절단됨
- 따라서 절단면은 세 변으로 이루어진 삼각형 형태가 됨
- 절단된 면의 방향과 모서리 위치를 비교하면 보기 중 해당 형태는 ③임

100 다음의 도형을 선에 따라 절단할 때 나타나는 절단면을 고르시오.

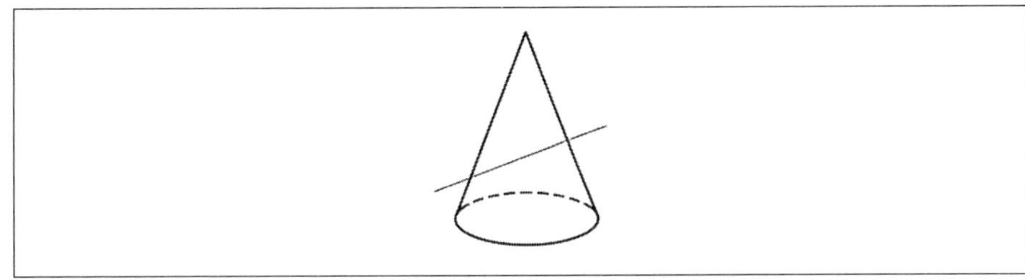

① 　　　　② 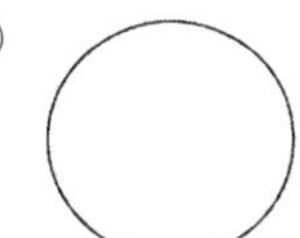

③ 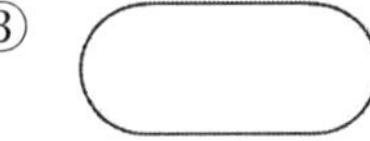　　　　④ 

◀ **원뿔의 절단면**

- 제시된 도형은 원뿔이며 절단선이 밑면과 평행하지 않고 기울어진 상태로 지나감
- 원뿔을 기울어진 평면으로 절단하면 절단면은 타원 형태로 나타남
- 밑면과 평행하게 절단할 때만 원이 나타남
- 따라서 절단면은 타원임

101 다음의 도형을 선에 따라 절단할 때 나타나는 절단면을 고르시오.

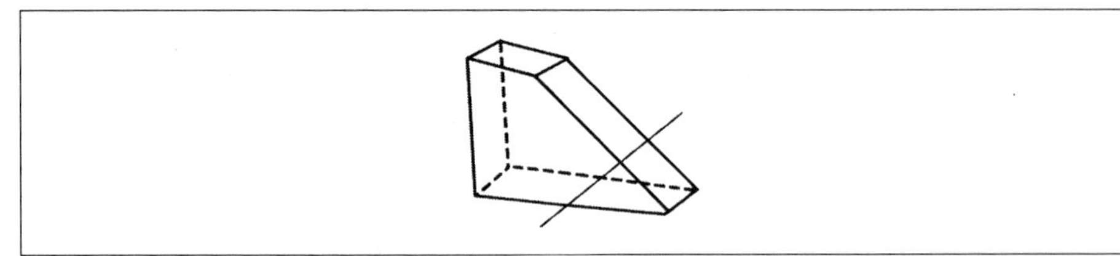

① ② ③ ④

🔹 **입체도형 절단면 판단**

- 제시된 입체도형은 윗면이 기울어진 다면체 형태임
- 절단선은 왼쪽 위에서 오른쪽 아래 방향으로 기울어지며 여러 면을 동시에 통과함

102 다음의 도형을 선에 따라 절단할 때 나타나는 절단면을 고르시오.

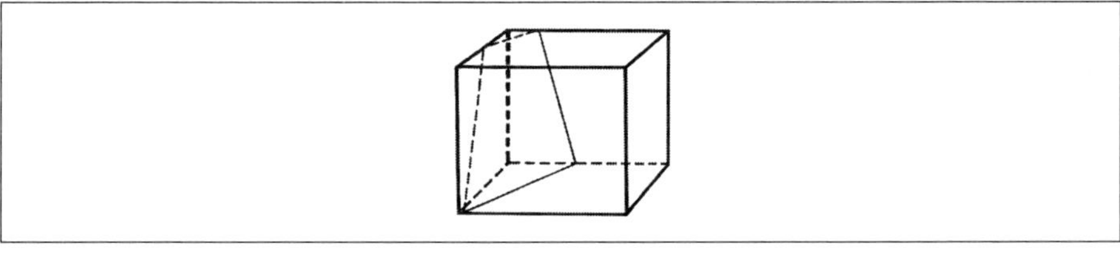

① ② ③ ④

🔻 직육면체 절단면 판단

- 제시된 도형은 직육면체이며 절단선이 윗면과 아랫면을 비스듬히 통과함
- 절단 평면이 서로 다른 높이의 모서리를 지나므로 네 변의 길이가 서로 평행하지 않게 형성됨
- 따라서 절단면은 평행한 두 변을 가진 사다리꼴 형태가 됨

103 다음의 도형을 선에 따라 절단할 때 나타나는 절단면을 고르시오.

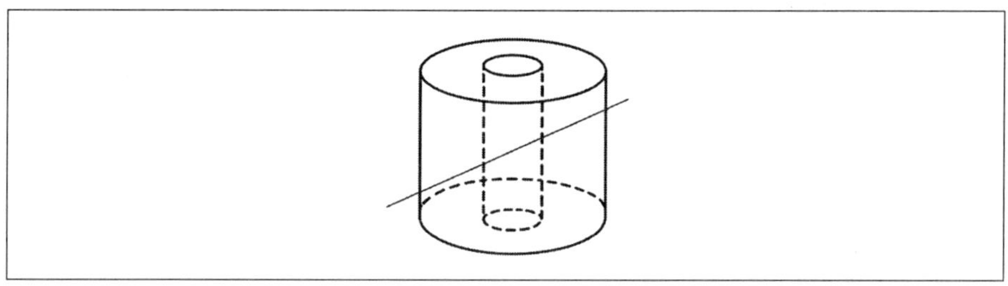

① 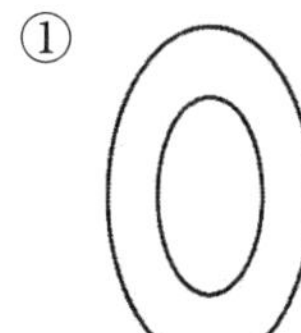

② 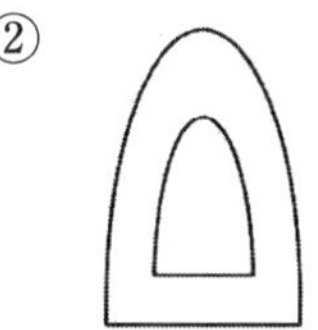

③ 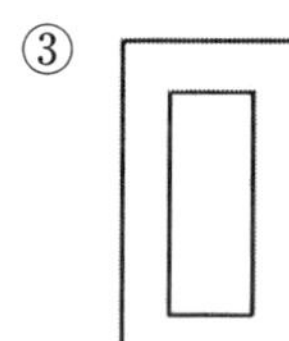

④ 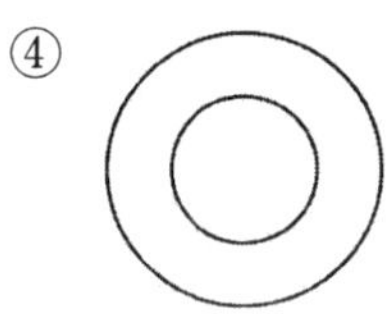

🔻 원통(속이 빈 원통)의 절단면

- 제시된 도형은 내부에 원통형 구멍이 있는 속이 빈 원통 구조임
- 절단선이 원통의 축과 평행하지 않고 비스듬히 지나가도록 표시됨
- 원통을 비스듬한 평면으로 절단하면 바깥 원통과 안쪽 원통이 모두 타원 형태로 나타남
- 따라서 절단면은 타원 모양의 고리 형태임

104 다음의 도형을 선에 따라 절단할 때 나타나는 절단면을 고르시오.

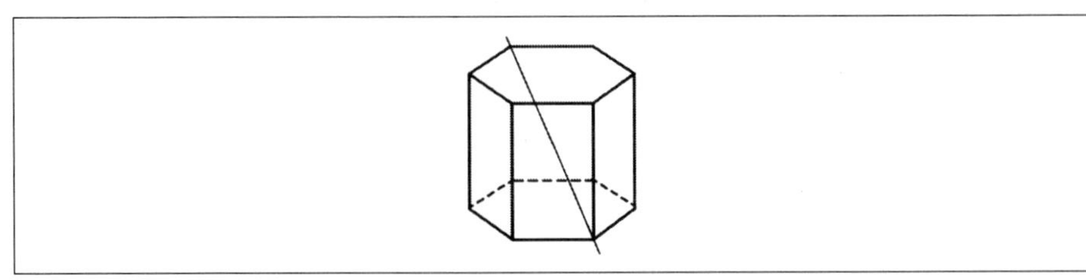

①　② 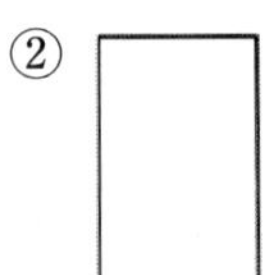

③ 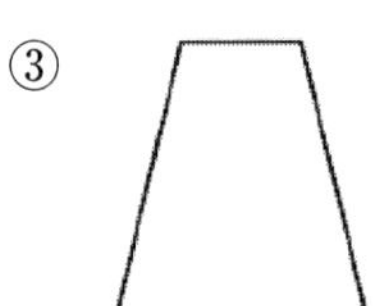　④ 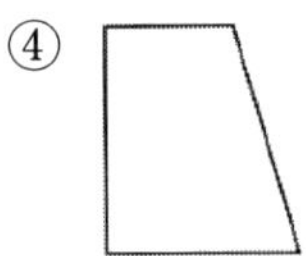

육각기둥의 절단면

- 제시된 도형은 육각기둥 형태의 입체도형임
- 절단선은 기둥의 옆면을 따라 수직 방향으로 지나도록 표시됨
- 기둥을 옆면 방향으로 절단하면 절단면은 높이와 폭이 일정한 사각형이 형성됨
- 따라서 절단면은 직사각형이 되므로 정답은 ②임

105 다음의 도형을 선에 따라 절단할 때 나타나는 절단면을 고르시오.

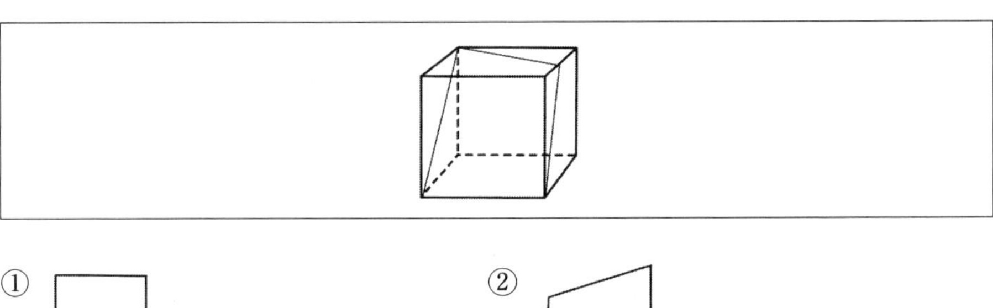

① 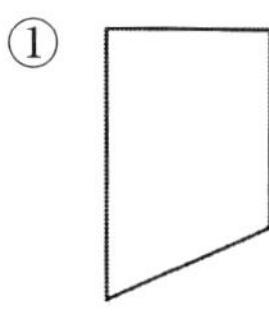　② 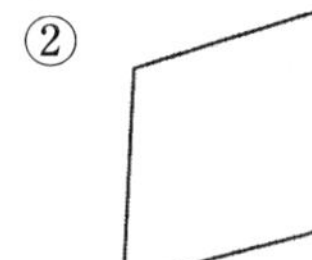

③ 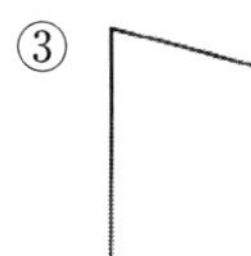　④ 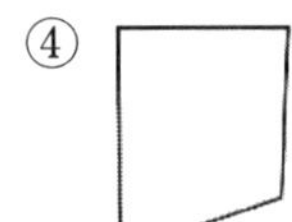

◀ **직육면체 절단면 판단**

- 제시된 도형은 직육면체이며 절단선이 윗면의 한 모서리에서 시작하여 앞면을 지나 아래쪽 모서리로 이어짐
- 절단 평면은 앞면과 옆면을 동시에 통과하면서 한쪽 변은 수직선, 윗변은 기울어진 선이 형성됨
- 따라서 절단면은 한쪽 변이 수직이고 윗변이 기울어진 사각형 형태가 됨

106 다음의 도형을 위에서 내려다보았을 때의 형태를 고르시오.

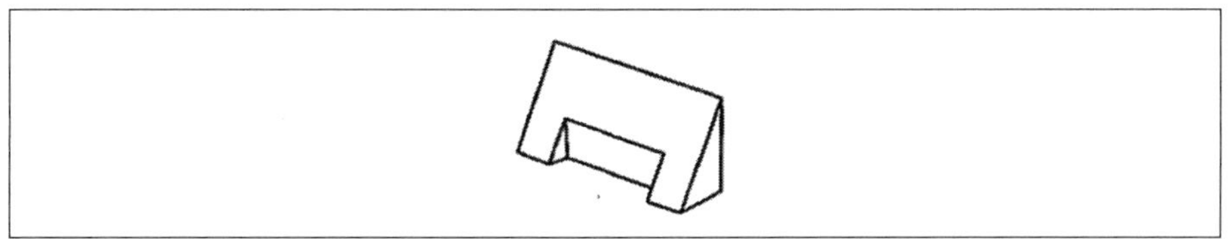

① 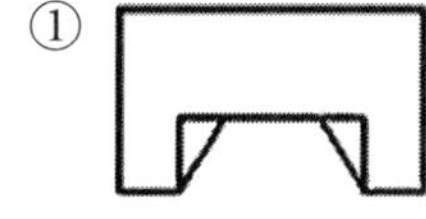   ② 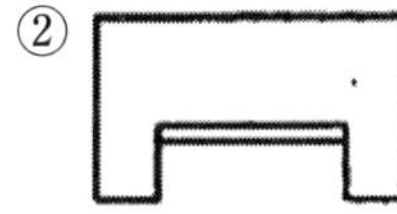

③ 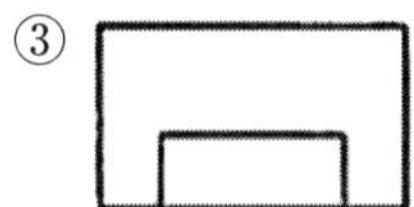   ④ 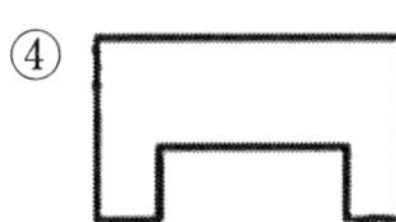

◀ **위에서 본 형태 판단**

- 제시된 입체도형은 양쪽에 지지대가 있고 가운데가 파여 있는 구조임
- 위에서 보면 내부의 경사면이나 높이 차이는 보이지 않고 외곽 윤곽만 나타남
- 중앙 부분이 앞쪽으로 파여 있는 ㄷ자 형태의 평면 윤곽이 나타남

107 다음 도형에 포함되어 있는 삼각형은 모두 몇 개인가?

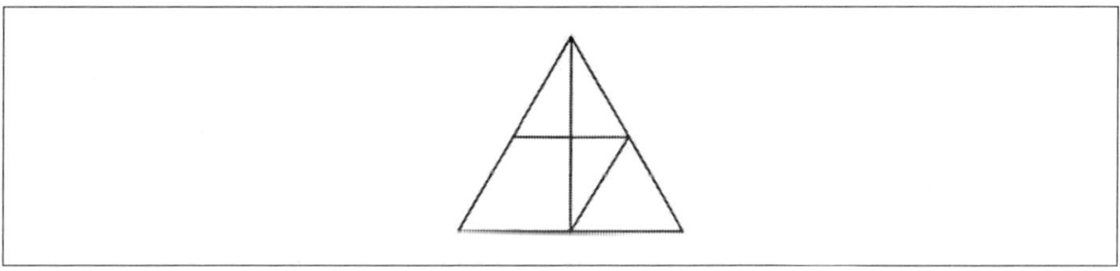

① 6개   ② 7개

③ 8개   ④ 9개

◀ **삼각형 개수 계산**

- 가장 작은 단위 삼각형을 먼저 세면 6개 존재함
- 작은 삼각형 2개가 결합된 중간 크기 삼각형이 2개 추가로 만들어짐
- 전체 큰 삼각형 1개가 추가로 존재함
- 따라서 6 + 2 + 1 = 9

108 다음 도형을 위에서 내려다 본 모양은?

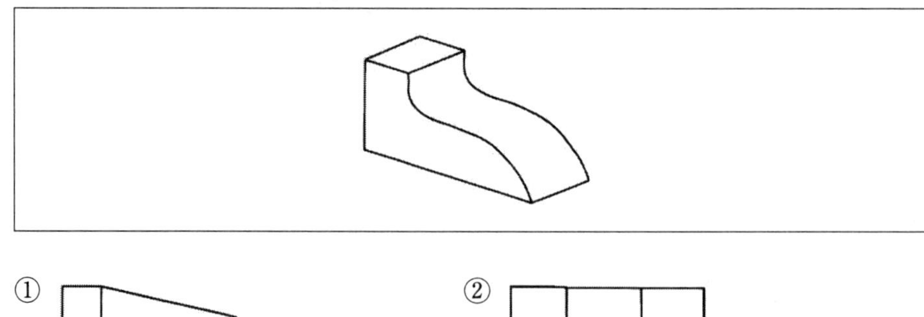

① 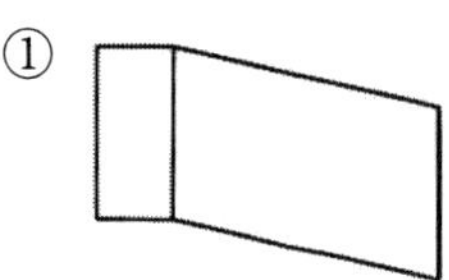

② 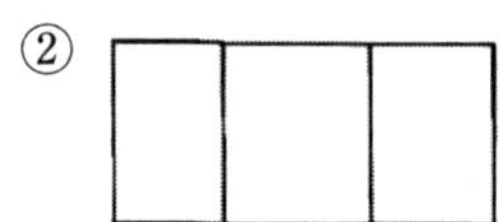

③ 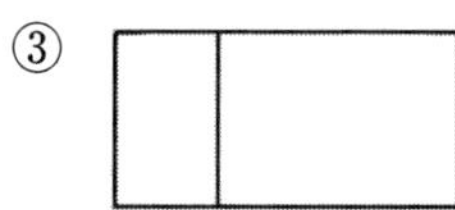

④ 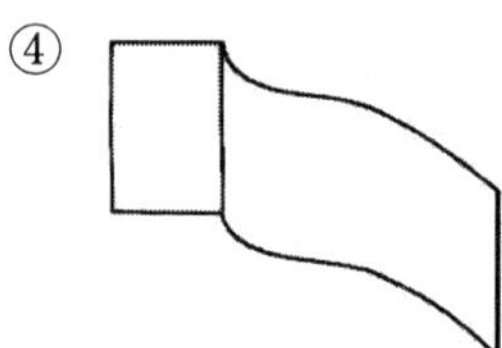

위에서 본 평면 형태

- 제시된 입체도형은 왼쪽에 직육면체 부분이 있고 오른쪽으로 완만한 곡면이 이어진 구조임
- 위에서 내려다보면 높이 변화나 곡면의 굴곡은 보이지 않고 평면 윤곽만 나타남
- 전체 평면 윤곽은 좌우가 직선으로 이어진 직사각형 형태로 보임
- 가운데에 한 번 단차가 있어 두 부분으로 구분되는 직사각형 형태가 됨

109 화살표 방향으로 종이를 접은 후 구멍을 뚫은 다음 다시 펼쳤을 때의 그림을 고르시오.

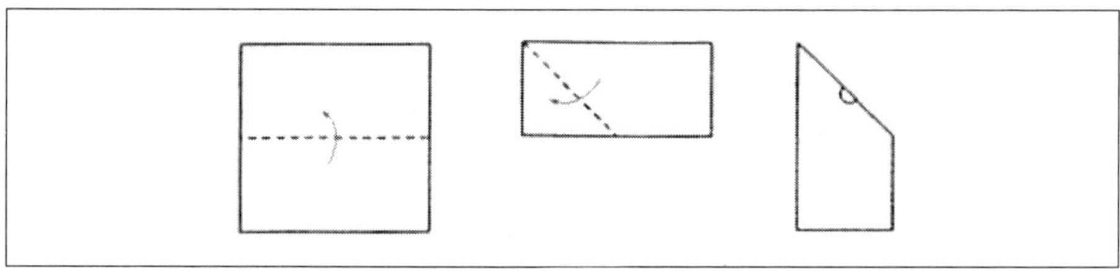

① 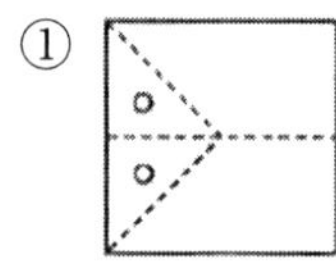

② 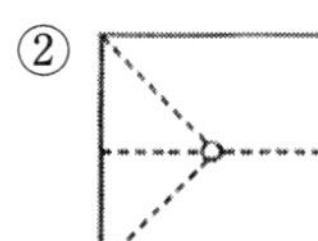

③ 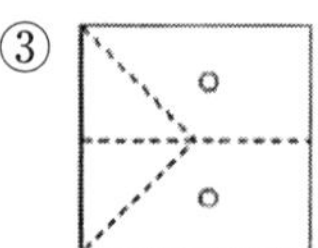

④ 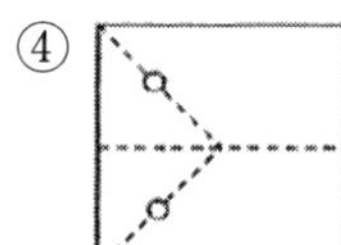

◀ **종이 접기와 구멍 위치**

- 종이는 가로 점선을 기준으로 먼저 접힌 후 다시 대각선 방향으로 접힘
- 접힌 상태에서 표시된 위치에 구멍이 뚫리면 접힌 면의 대칭 위치에도 같은 구멍이 생김
- 종이를 다시 펼치면 접힌 선을 기준으로 구멍 위치가 좌우 및 상하로 대칭되어 나타남
- 대칭 위치에 동일한 구멍이 나타나는 그림은 ④임

110 다음 그림은 거울에 비친 정육면체의 모습이다. 이 정육면체의 전개도는?

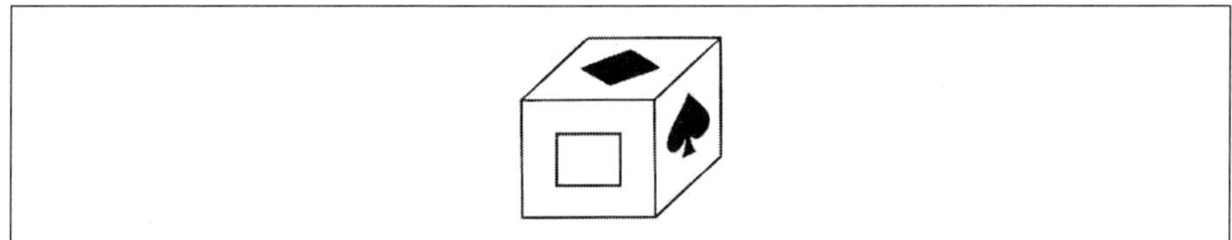

① 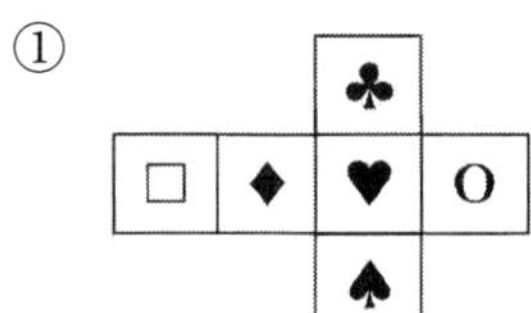　　② 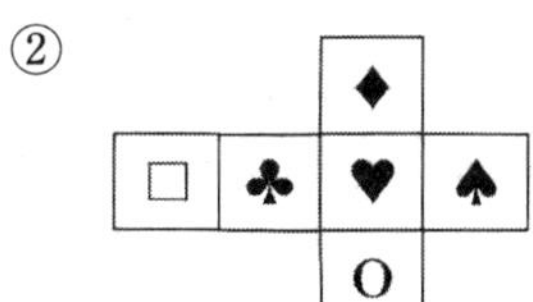

③ 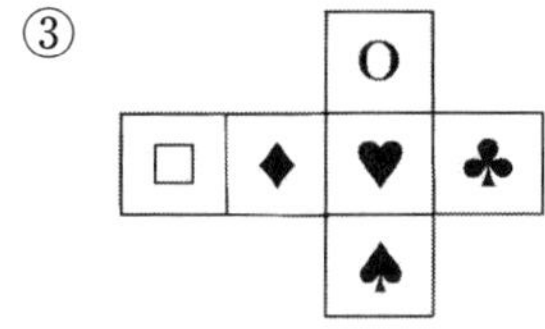　　④ 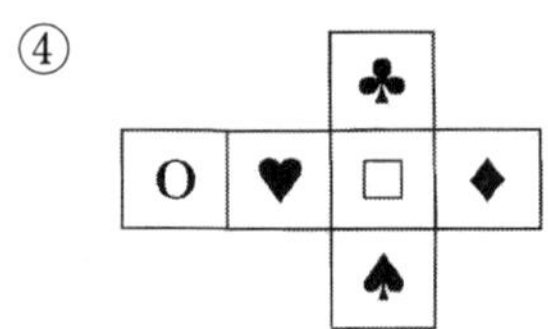

◀ **거울에 비친 정육면체의 면 배열**

- 거울에 비친 모습은 실제 도형의 좌우가 서로 바뀐 상태로 나타남
- 보이는 세 면의 기호는 윗면, 앞면, 옆면의 관계를 기준으로 배열을 판단함
- 전개도에서는 서로 맞닿는 면의 위치와 방향이 실제 정육면체와 일치해야 함
- 보기 중 기호의 인접 관계가 거울에 비친 정육면체와 대응되는 전개도는 ②임

111 다음 펼친 그림에 맞는 도형을 찾으시오.

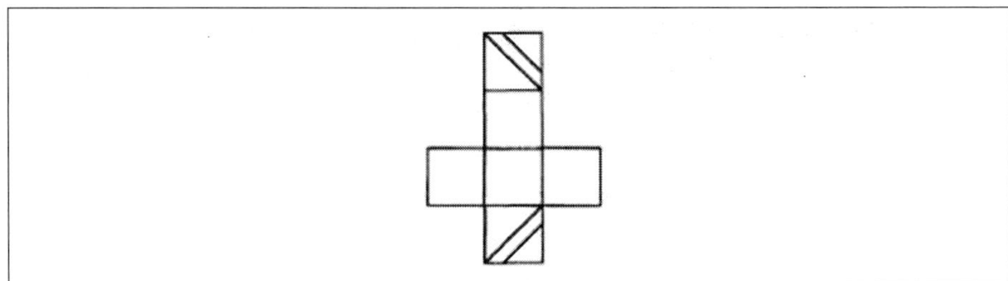

① 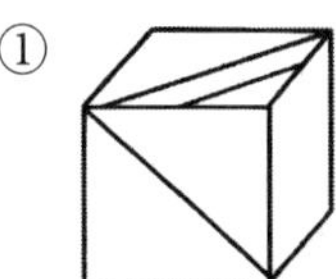 ② 

③ 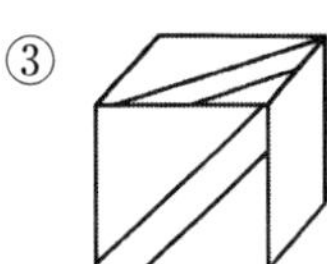 ④ 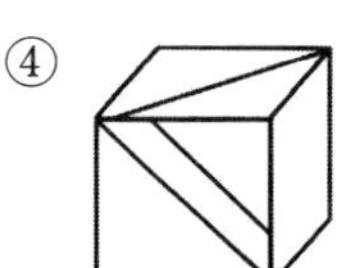

◀ **정육면체 전개도 판단**

- 전개도에서 대각선이 있는 두 면은 접으면 서로 인접한 면이 됨
- 위쪽 면의 대각선 방향과 아래쪽 면의 대각선 방향이 접히면서 연결됨
- 접었을 때 윗면과 앞면의 대각선이 자연스럽게 이어지는 구조가 됨

112 다음 전개도로 만들 수 없는 도형은?

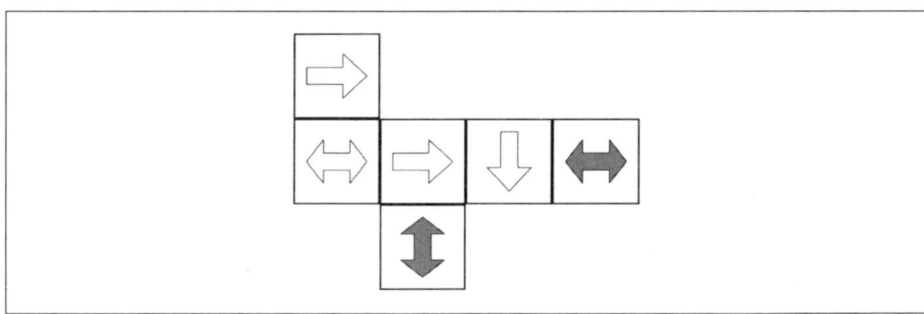

① 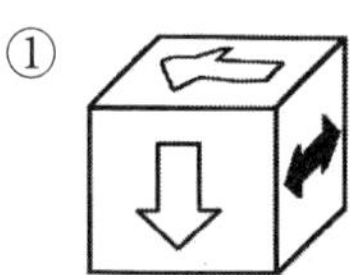 ② 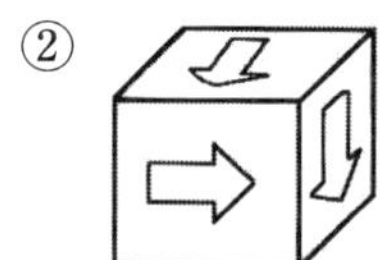

③  ④ 

정육면체 전개도 판단

- 전개도를 접으면 서로 마주보는 면의 방향 관계가 결정됨
- 양방향 화살표가 있는 면과 위아래 화살표가 있는 면은 접었을 때 서로 인접한 면이 됨
- 전개도 구조상 같은 방향의 양방향 화살표 두 면이 서로 마주보는 형태는 만들 수 없음

113 다음 펼친 그림에 맞는 도형을 찾으시오.

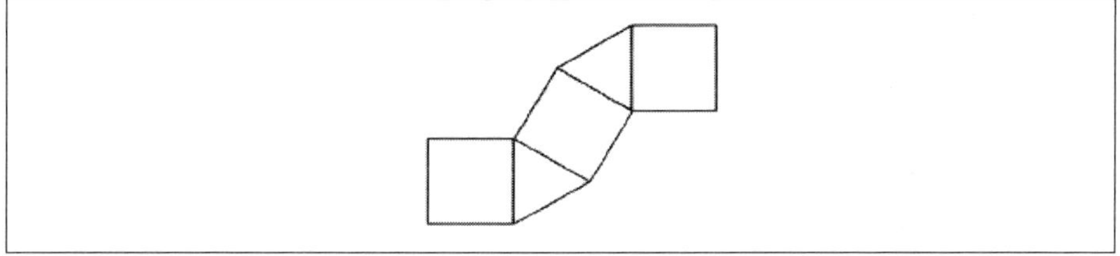

① 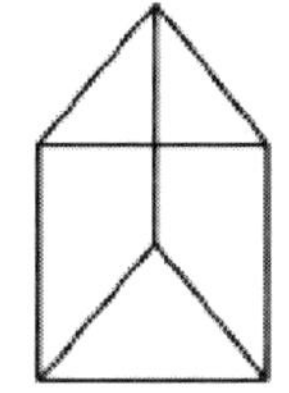

② 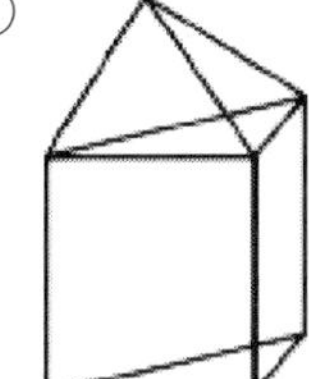

③ 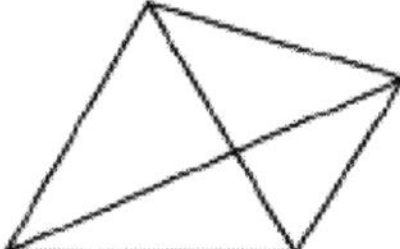

④ 

전개도와 입체도형 대응

- 제시된 전개도는 사각형 면과 삼각형 면이 연결된 형태임
- 가운데 접히는 선을 기준으로 삼각형 면들이 위쪽에서 만나 하나의 꼭짓점을 형성함
- 양쪽의 사각형 면은 접히면서 입체의 옆면을 구성함

114 펼친 그림에 맞는 도형을 찾으시오.

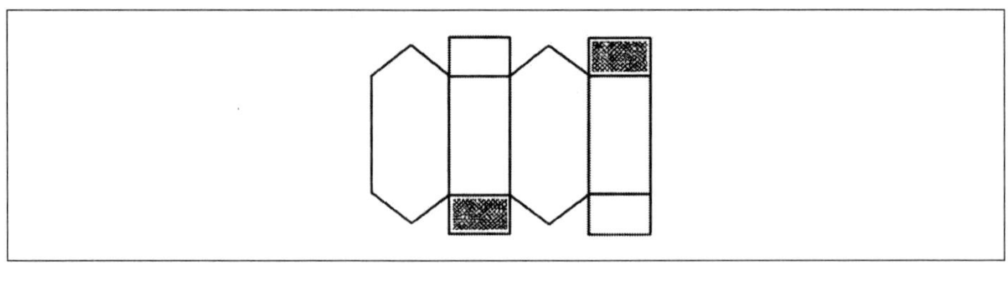

① 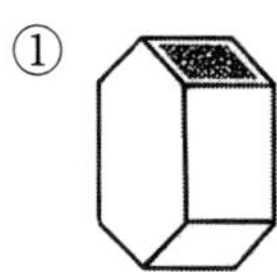 ② 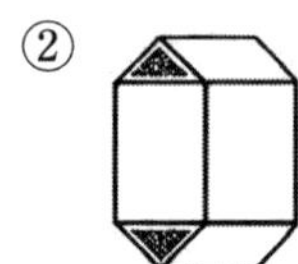

③ 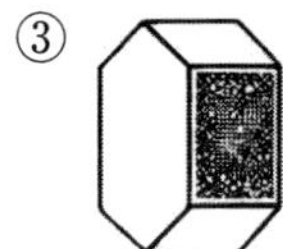 ④ 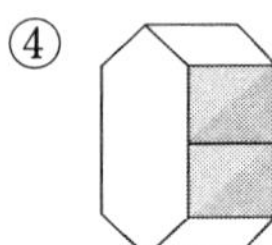

◆ **전개도와 입체도 대응**

- 제시된 전개도는 육각기둥 형태로 접히는 구조임
- 윗면과 옆면 중 한 면에 음영이 표시되어 있으며 접었을 때 두 면이 서로 인접하게 위치함
- 전개도의 면 배열을 따라 접으면 음영이 있는 두 면이 서로 맞닿는 위치 관계가 유지됨

115 다음 펼친 그림에 맞는 도형을 찾으시오.

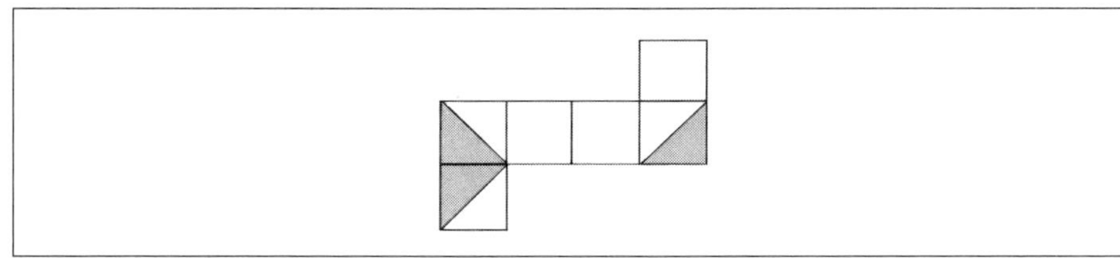

① 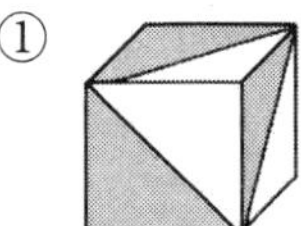 ② 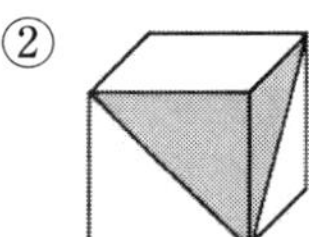

③ 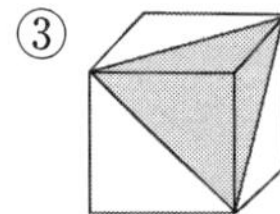 ④ 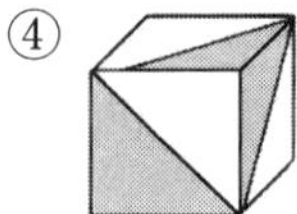

◆ **정육면체 전개도 대응**

- 전개도에서 가운데 왼쪽 면은 좌측 삼각형 음영이 있는 면임
- 그 오른쪽으로 이어진 면들은 접히면서 서로 인접한 면 관계를 형성함
- 아래쪽 면은 접히면서 전면 또는 하단 면으로 이동하며 삼각형 방향이 유지됨

116 다음 펼친 그림에 맞는 도형을 찾으시오.

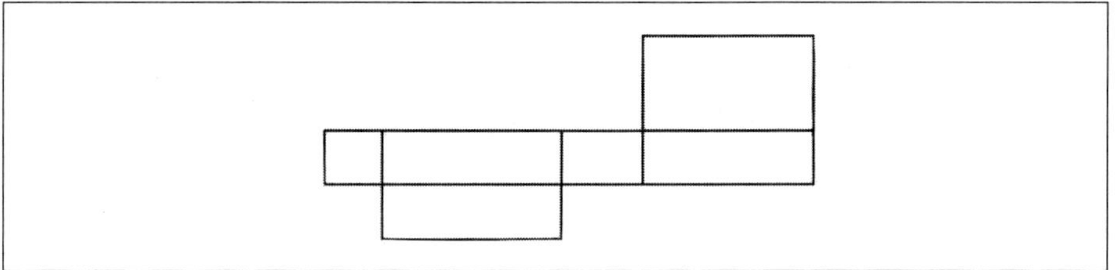

① 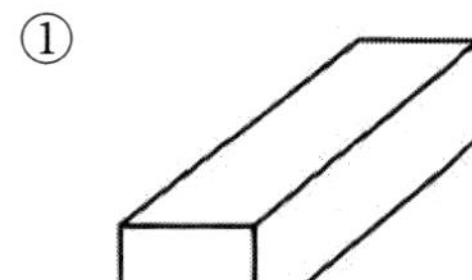　　② 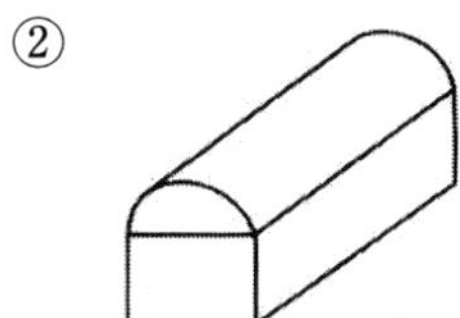

③ 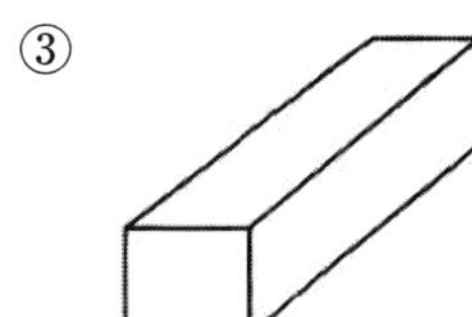　　④ 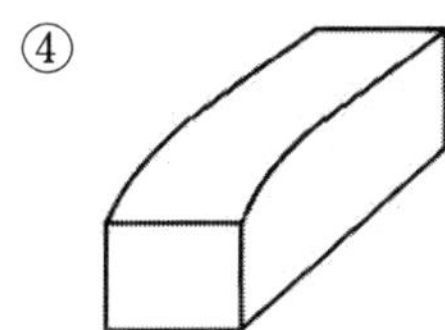

입체도형 전개도 판단
- 제시된 전개도는 직사각형 면들이 연결된 형태로 한 면이 곡면과 결합되는 구조임
- 접었을 때 윗면이 둥근 곡면이 되는 반원기둥 형태가 형성됨
- 직사각형 면은 옆면과 바닥면이 되고 곡면 부분이 윗면을 이루게 됨

117 다음 전개도를 접어서 만들어지는 도형은 무엇인가?

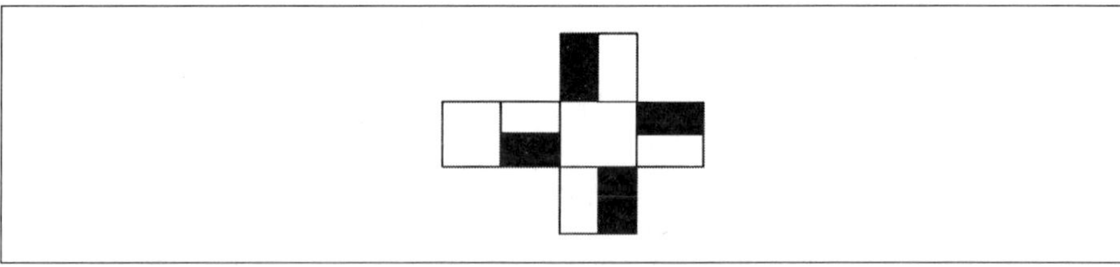

① 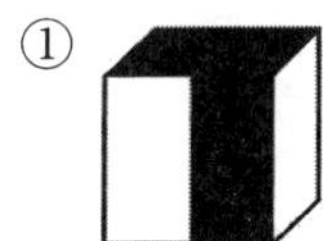　　② 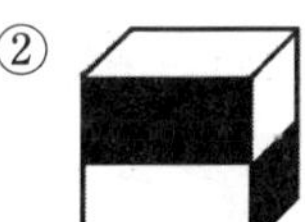

③ 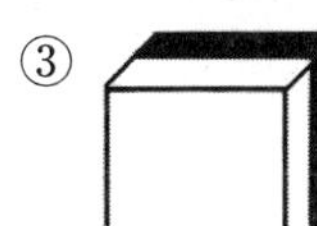　　④ 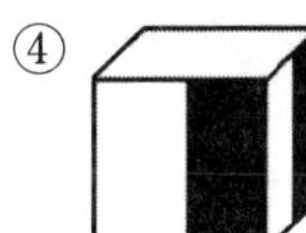

M·E·M·O

◀ 전개도 면 대응

- 전개도의 중앙을 기준으로 위·아래·좌·우 면이 접히며 정육면체가 형성됨
- 색칠되지 않은 면들이 서로 마주보는 위치에 배치됨
- 색칠된 직사각형 면은 서로 인접한 면이 아니므로 접었을 때 같은 면에 이어지지 않음
- 접힌 후 색칠된 면의 위치 관계를 대조하면 보기 ④의 형태와 일치함

118 다음 입체도형을 평면으로 한 번 잘라서 얻을 수 없는 단면은?

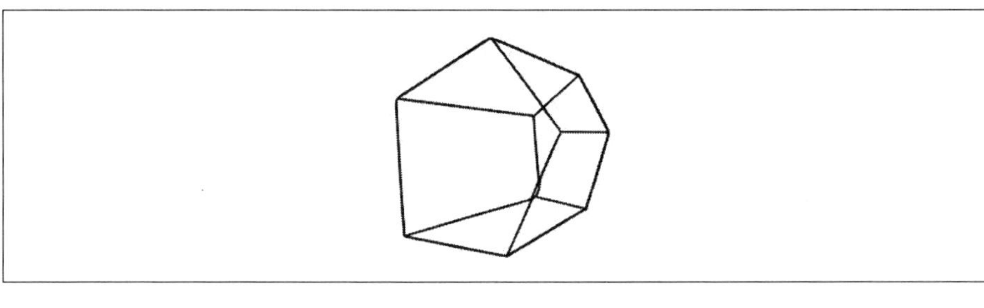

① 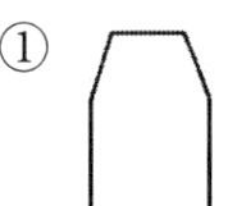　　　　　② 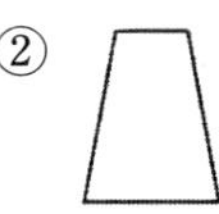

③ 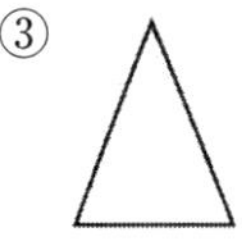　　　　　④ 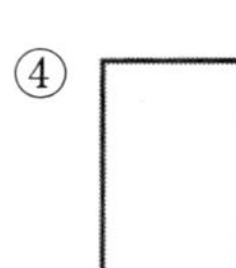

◀ 평면 절단 단면의 가능 형태

- 평면으로 입체도형을 절단하면 절단면은 도형의 모서리들과 만나는 선분들로 이루어진 다각형 형태로 나타남
- 제시된 입체도형은 여러 개의 삼각형과 사각형 면으로 이루어진 다면체 구조임
- 평면을 기울여 자르면 삼각형, 사다리꼴, 직사각형과 같은 단면은 형성될 수 있음
- 그러나 ①과 같은 윗부분이 좁아지는 오각형 형태의 단면은 이 도형의 면 구조와 모서리 배열상 한 번의 평면 절단으로 만들 수 없음

119 다음 펼친 그림에 맞는 도형을 찾으시오.

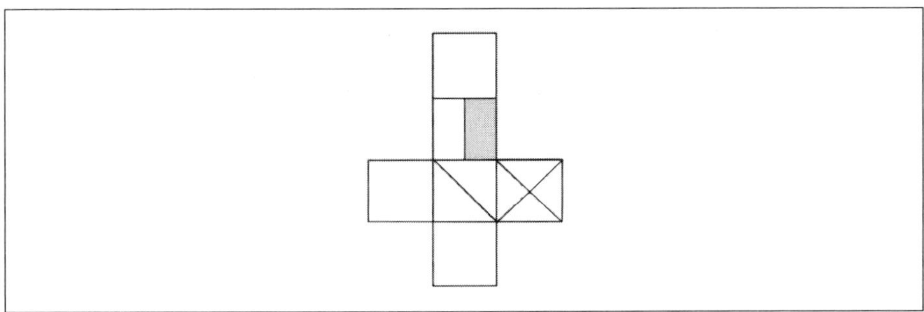

① 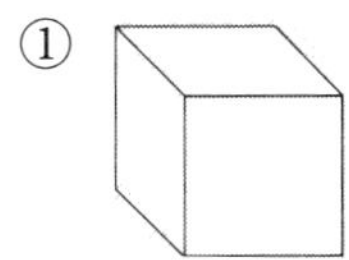   ② 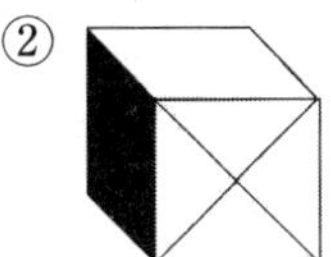

③ 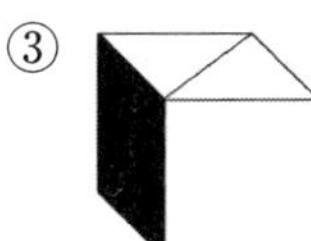   ④ 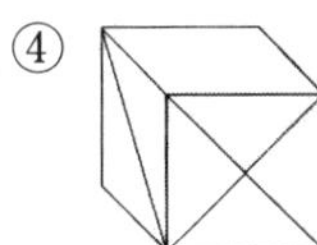

◢ **전개도와 입체도형 대응**

- 제시된 그림은 정육면체의 전개도로 중앙 면을 기준으로 여러 면이 연결된 구조임
- 전개도에서 표시된 음영 면과 대각선 표시 면의 위치 관계를 기준으로 접히는 방향을 판단해야 함
- 전개도를 접으면 표시된 면이 서로 마주보지 않고 인접한 면으로 접히는 구조가 됨

120 다음 펼친 그림에 맞는 도형을 고르시오.

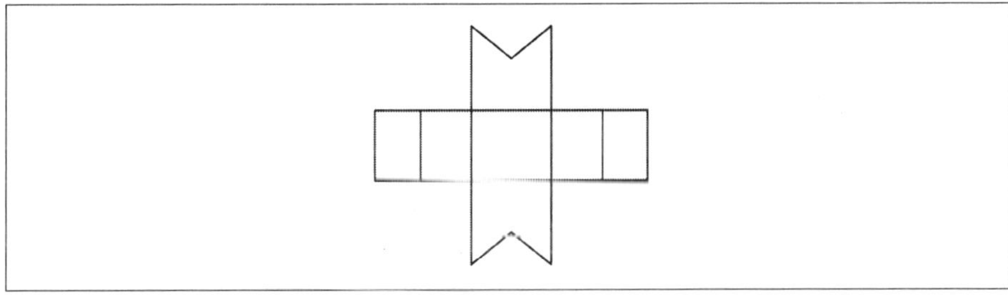

① 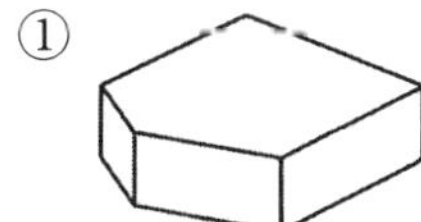   ② 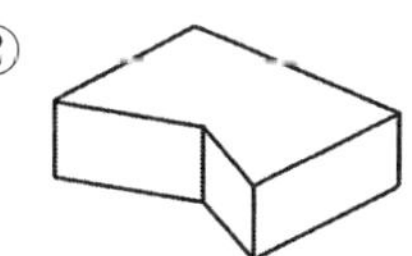

③ 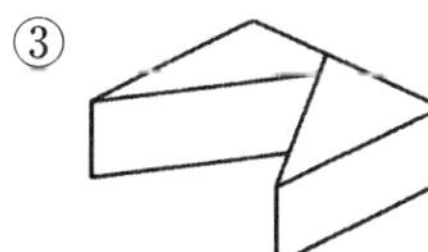   ④ 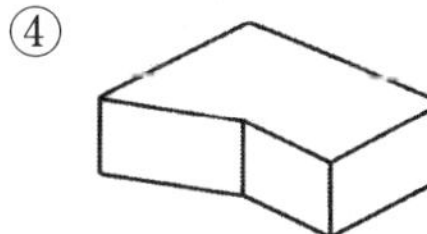

118 ① 119 ① 120 ②

🔷 전개도와 입체도 대응

- 전개도의 가운데 사각형을 기준으로 좌우에 면이 연결된 구조임
- 위아래의 V자 모양 부분은 접히면서 윗면과 아랫면의 경사면을 형성함
- 접히는 방향에 따라 한쪽 면이 꺾인 형태의 입체가 만들어짐
- 전개도에서 접히는 면의 위치와 방향을 모두 만족하는 도형은 ②임

121 다음 전개도를 접었을 때 나타날 수 있는 입체도형으로 옳은 것을 고르시오.

①

②

③

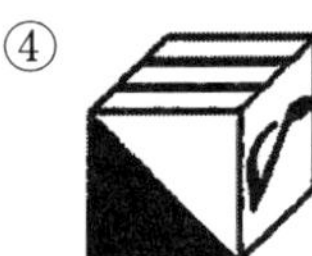
④

🔷 정육면체 전개도 면의 위치 관계

- 전개도의 가운데 면은 별 표시 면이며 이를 기준으로 위쪽에는 곡선 표시 면, 아래쪽에는 가로 줄무늬 면이 접힘
- 왼쪽에는 삼각 음영 면, 오른쪽에는 반원 형태의 음영 면이 각각 인접하여 접히는 구조임
- 따라서 별 표시 면과 곡선 표시 면, 삼각 음영 면이 서로 인접한 상태로 입체가 형성되어야 함

122 다음 전개도를 접었을 때 나타날 수 있는 입체도형이 아닌 것을 고르시오.

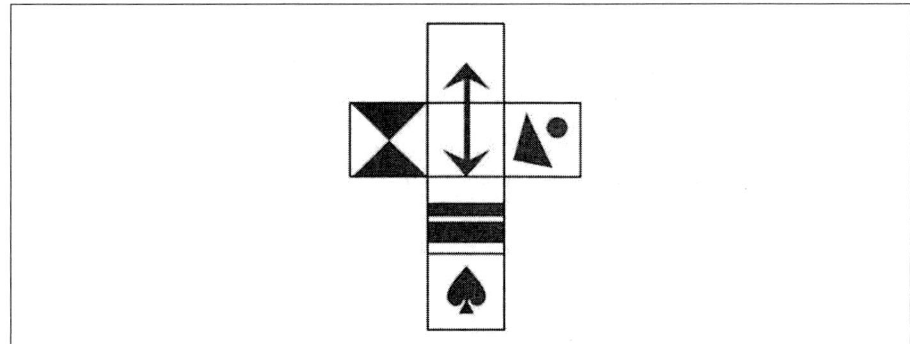

① 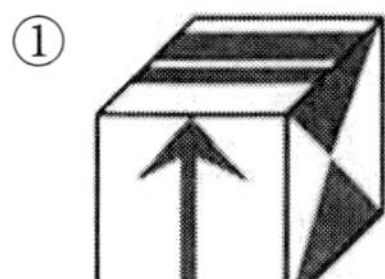　② 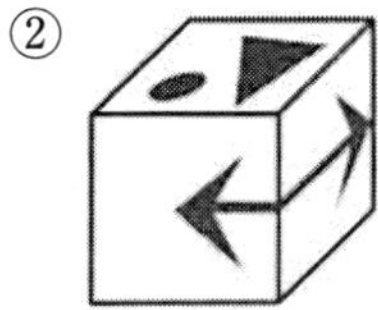

③ 　④ 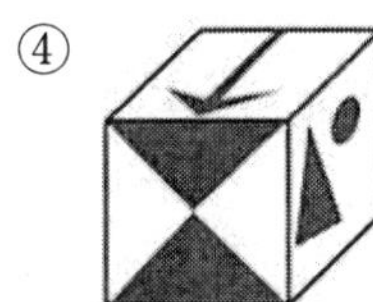

◀ **정육면체 전개도 면의 위치 관계**

- 전개도의 가운데 면에는 위·아래 방향 화살표가 있으며 이를 기준으로 주변 면이 접혀 정육면체를 형성함
- 왼쪽에는 삼각형이 교차된 면, 오른쪽에는 삼각형과 원이 함께 있는 면이 각각 인접하여 접힘
- 아래쪽에는 줄무늬 면이 있고 그 아래에는 하트 표시 면이 연결되는 구조임

123 다음 입체도형의 전개도로 알맞은 것을 고르시오.

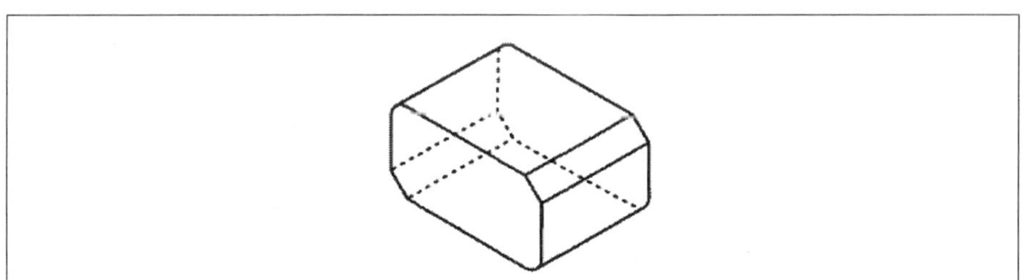

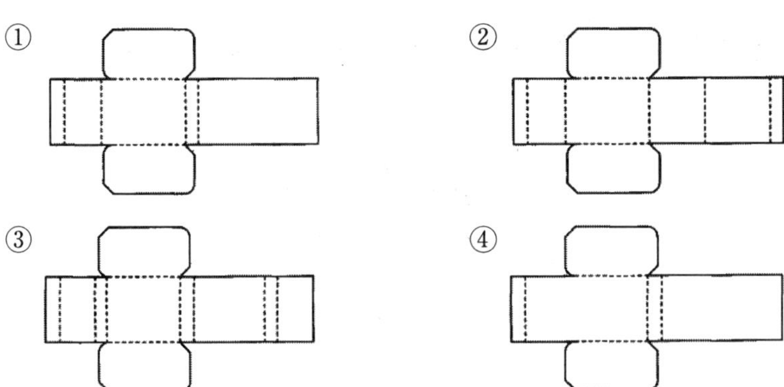

입체도형 전개도 접힘 관계

- 제시된 입체도형은 가운데 면을 기준으로 좌우 면이 접히며 윗부분이 경사진 형태로 결합되는 구조임
- 따라서 전개도에서는 중앙면을 중심으로 좌우 면이 이어지고 위·아래 면이 각각 접혀 입체의 윗면과 아랫면을 형성함
- 또한 측면의 접합선 위치가 실제 입체도형의 모서리 방향과 일치해야 함

124 다음 전개도를 접었을 때 나타날 수 있는 입체도형으로 옳은 것을 고르시오.

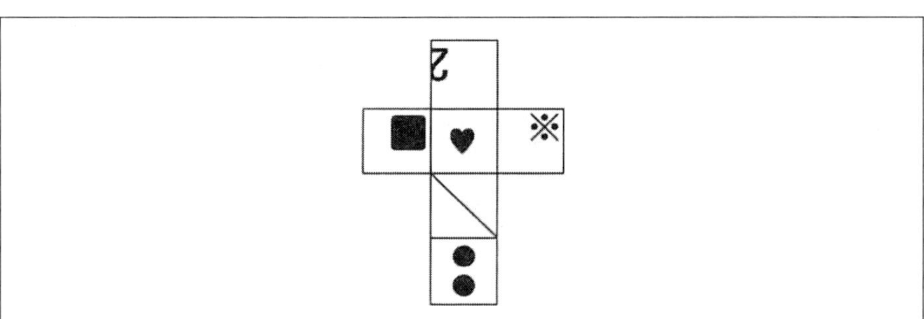

① 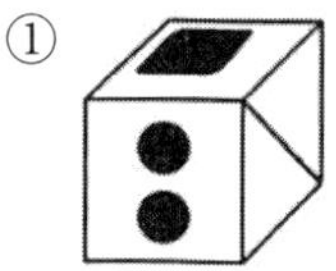

② 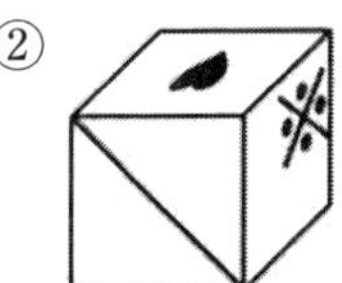

③ 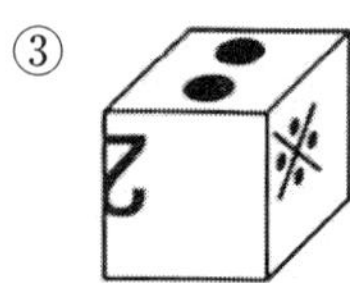

④ 

정육면체 전개도 면의 인접 관계

- 가운데 면은 하트 표시 면이며 이를 기준으로 위쪽에는 곡선 표시 면, 왼쪽에는 사각 음영 면, 오른쪽에는 별표 형태 면이 접힘
- 아래쪽에는 대각선이 그어진 면이 연결되고 그 아래에는 두 개의 점이 있는 면이 이어지는 구조임
- 따라서 하트 면과 두 점 면은 서로 마주보는 면이 되어 인접할 수 없음

125 제시된 전개도를 접었을 때 나타나는 도형의 형태를 고르시오.

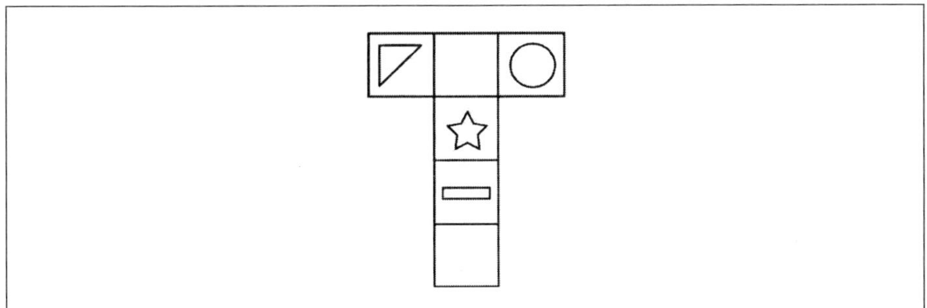

① 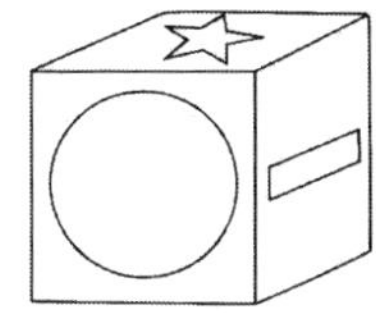　② 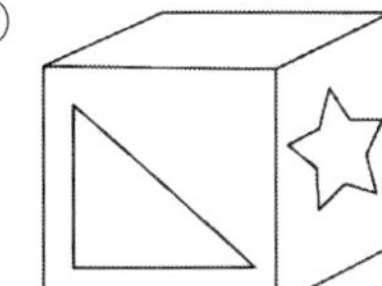

③ 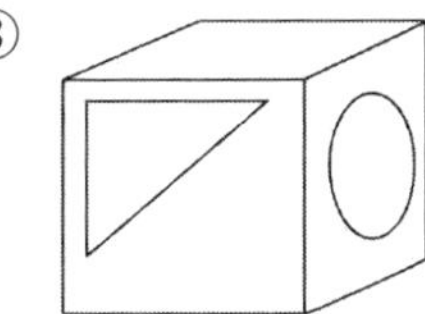　④ 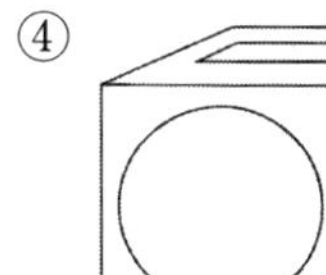

🔹 **정육면체 전개도 판단**

- 제시된 전개도는 T자 형태의 정육면체 전개도임
- 윗줄 왼쪽부터 삼각형 – 빈 면 – 원이 있으며, 가운데 아래로 별 – 직사각형 표시가 이어짐
- 전개도를 접으면 가운데 빈 면을 기준으로 좌우에 삼각형과 원이 위치함
- 별은 빈 면의 아래쪽 면이 되어 삼각형과 원 모두와 인접하게 됨
- 보기 중 이러한 면의 인접 관계가 나타나는 것은 ②임

126 제시된 전개도를 접었을 때 나타나는 도형의 형태를 고르시오.

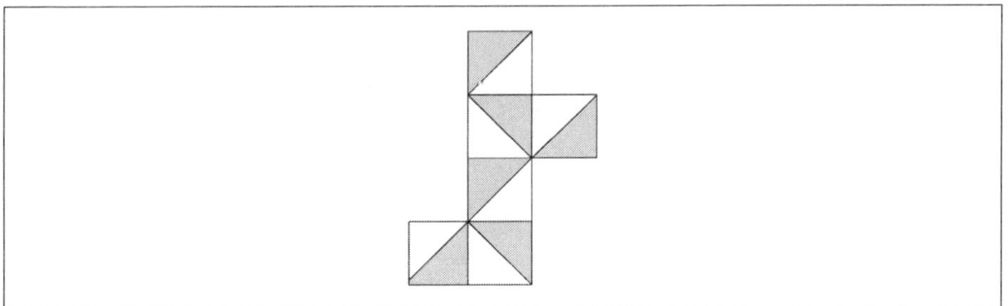

124 ③　125 ②　126 ④

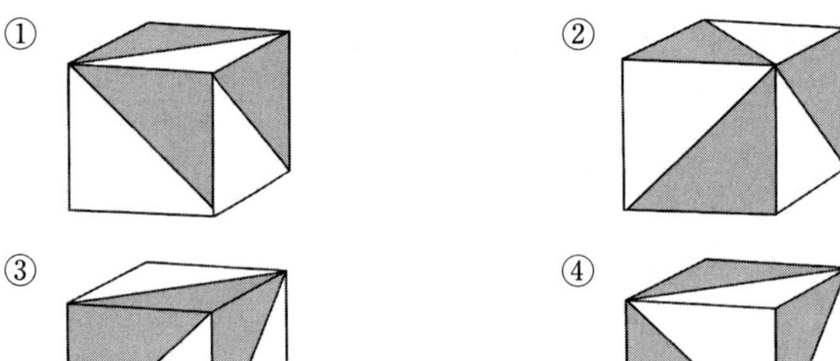

127 제시된 전개도를 접었을 때 나타나는 도형의 형태를 고르시오.

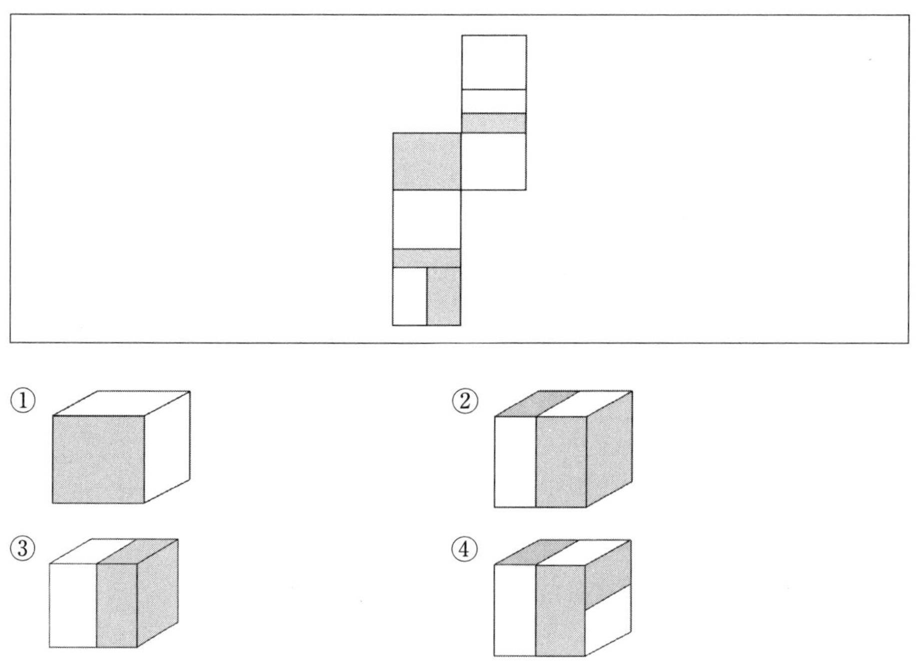

128 아래 전개도를 접었을 때 생기는 입체도형은 무엇인가?

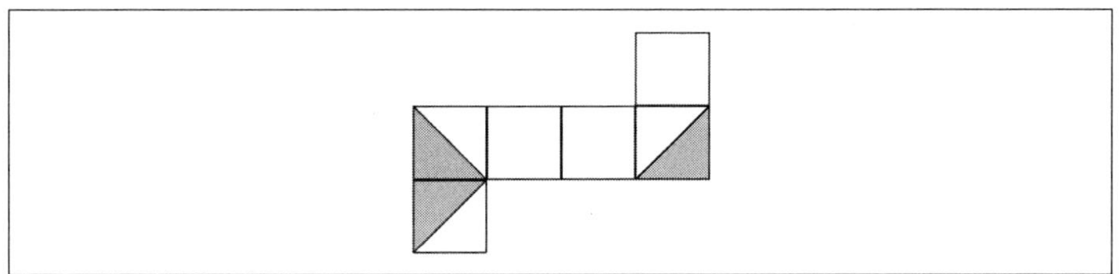

① 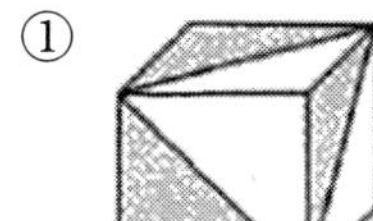　　② 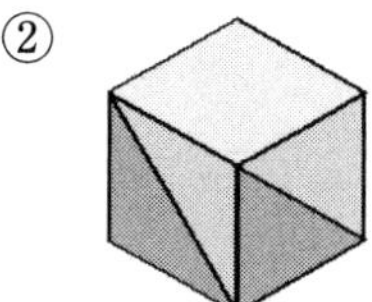

③ 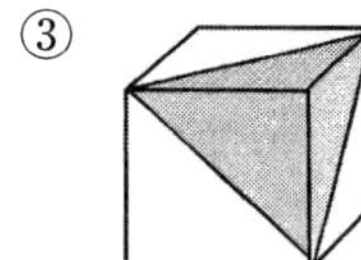　　④ 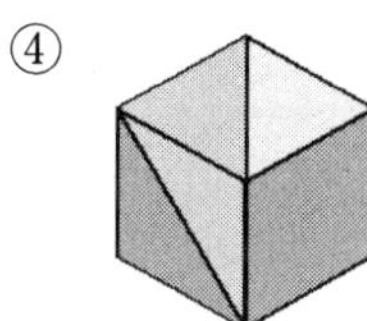

전개도 접기 판단

- 전개도에서 색칠된 삼각형의 위치와 방향을 기준으로 입체를 판단함
- 정육면체를 접으면 서로 만나는 세 면의 꼭짓점에 삼각형 무늬가 모이게 됨
- 보기들을 비교하면 꼭짓점에서 만나는 삼각형의 배열 방향이 서로 다름
- 전개도와 동일한 방향으로 삼각형이 모이는 입체는 ③임

129 다음 전개도를 접어 입체를 만들었을 때 두 점 사이의 거리가 가장 먼 경우를 고르시오.

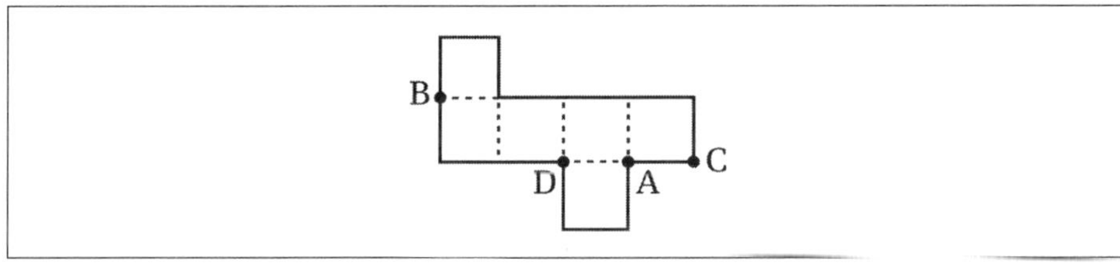

① AB　　② BD

③ CD　　④ AD

정육면체의 대각선 거리

- 정육면체에서 두 점 사이 거리가 가장 먼 경우는 같은 면을 접하고 있지 않은 꼭짓점 사이 거리임
- 이러한 위치는 평면 대각선이 아니라 공간 대각선 관계에 해당함
- 전개도를 접어 보면 B와 D는 서로 마주 보는 꼭짓점 위치가 됨
- 따라서 두 점 사이 거리는 정육면체에서 가장 긴 공간 대각선 거리가 됨
- 그러므로 가장 먼 거리는 BD임

127 ① 128 ③ 129 ②

130 전개도를 접어 입체를 만들었을 때 두 점 사이의 거리가 가장 먼 경우를 고르시오.

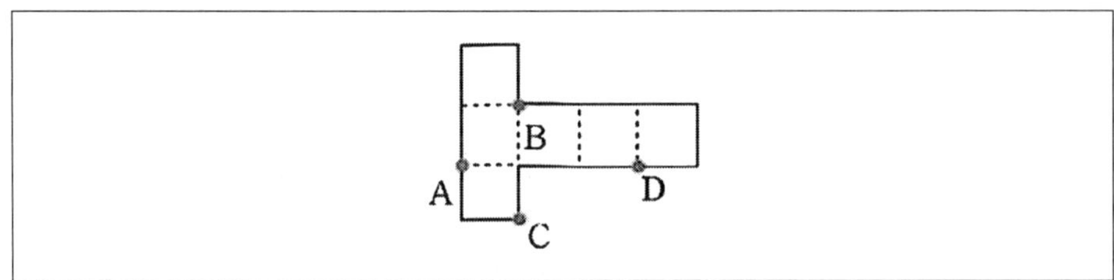

① AB ② BD

③ CD ④ AC

◀ **정육면체의 공간 대각선**

- 전개도를 접으면 각 점은 정육면체의 서로 다른 꼭짓점 위치에 놓이게 됨
- 정육면체에서 두 점 사이 거리가 가장 먼 경우는 서로 마주 보는 꼭짓점 사이의 공간 대각선 거리임
- AB, CD, AC는 같은 면이거나 인접한 면에 위치한 점 사이 거리임
- B와 D는 입체로 접었을 때 서로 마주 보는 꼭짓점 위치가 됨
- 따라서 두 점 사이 거리가 가장 먼 경우는 BD임

131 다음 전개도를 접었을 때의 도형을 고르시오.

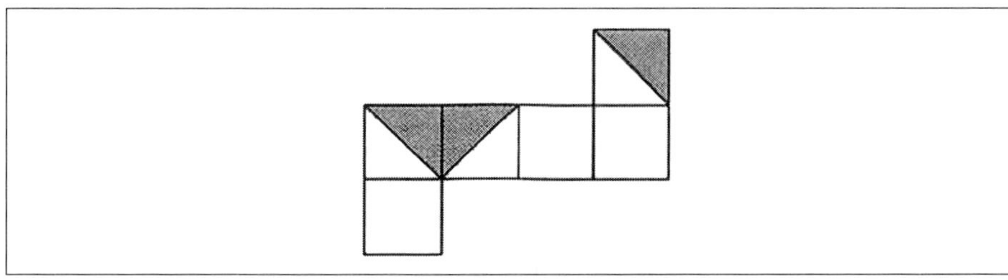

① 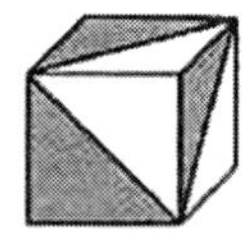

② 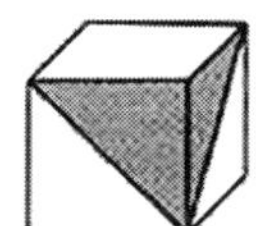

③ 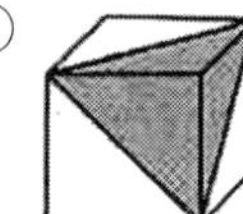

④ 

◀ **전개도 접기 판단**

- 전개도를 접으면 색칠된 삼각형이 있는 면들이 서로 인접한 면으로 접히게 됨
- 전개도에서 가운데 면의 삼각형은 위쪽 꼭짓점 방향으로 모이도록 배치됨
- 오른쪽 끝 면의 삼각형은 접었을 때 위쪽 면과 인접한 면으로 위치하게 됨
- 보기들을 비교하면 이러한 삼각형의 위치와 방향이 모두 일치하는 것은 ③임

132 다음 전개도를 접었을 때 나올 수 있는 모양을 고르시오.

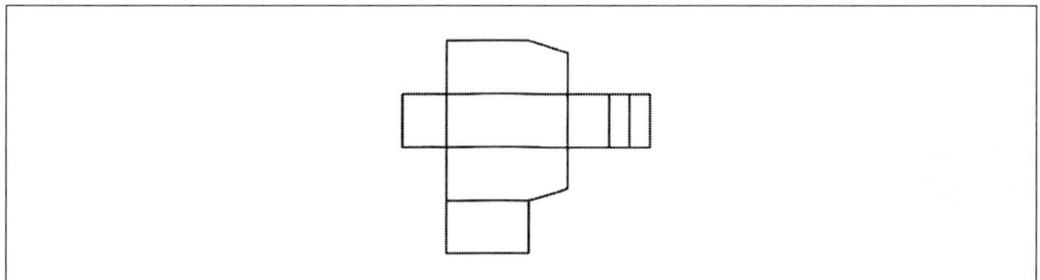

① 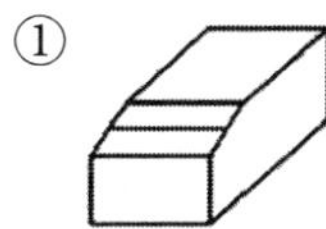

② 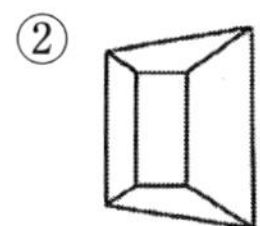

③ 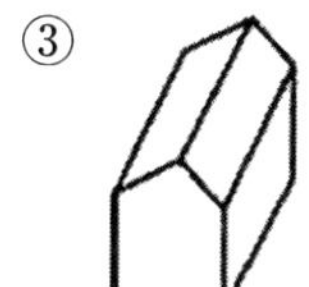

④ 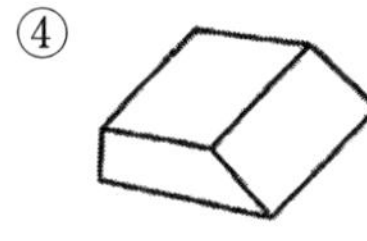

🔖 **전개도 접기 판단**

- 전개도를 보면 가운데 긴 직사각형 띠가 입체의 옆면을 이루는 부분임
- 오른쪽의 좁은 직사각형들은 접었을 때 옆면의 연결 부분이 되어 직육면체 형태를 형성함
- 위쪽과 아래쪽에 붙은 면이 각각 윗면과 아랫면이 되어 상자를 이루게 됨
- 전개도를 접으면 전체적으로 직육면체 모양의 상자 형태가 만들어짐
- 따라서 전개도를 접었을 때 나올 수 있는 모양은 ①임

✔ **130 ② 131 ③ 132 ①**

의사소통 능력

01   국어

01 **다음과 유사한 논리적 오류를 담고 있거나 동일한 오류를 지적하는 속담을 고르시오.**

> 검은 고양이가 내 앞을 가로질러 갔다. 그리고 5분 후에 나는 자동차 사고를 당했다. 따라서 내가 자동차 사고를 당한 것은 그 고양이 때문이다.

① 낫 놓고 기역자 모른다.
② 까마귀 날자 배 떨어진다.
③ 아니 땐 굴뚝에 연기 나랴.
④ 시운이 좋으면 뿌리 이른다.

인과관계의 오류

- 두 사건이 시간적으로 연속해 발생했다고 해서 반드시 원인과 결과 관계가 되는 것은 아님
- 〈보기〉는 단순한 우연한 동시 발생을 원인 관계로 잘못 판단한 오류임
- '까마귀 날자 배 떨어진다'는 우연한 일치를 인과관계로 오해하는 상황을 설명하는 속담임
- 따라서 같은 오류를 나타내는 속담은 ②임

02 **다음과 유사한 논리적 오류를 담고 있거나 동일한 오류를 지적하는 속담을 고르시오.**

> 허산, 마르텔트, 수단은 철성을 믿는다. 그들은 모두 루톤 족이다. 알리는 루톤 족이다. 그러므로 알리 역시 철성을 믿을 것이다.

① 친구 따라 강남 간다.
② 하나를 보면 열을 안다.
③ 구슬이 서 말이라도 꿰어야 보배다.
④ 콩 심은 데 콩 나고 팥 심은 데 팥 난다.

성급한 일반화의 오류

- 일부 사례에서 나타난 특성을 전체 집단의 구성원에게 적용하는 오류임
- 〈보기〉에서는 루톤 족 몇 명이 특정 믿음을 가진다는 이유로 알리도 같을 것이라 추론함
- 이는 제한된 사례를 근거로 전체를 일반화하는 논리적 오류에 해당함
- '하나를 보면 열을 안다'는 이러한 일반화 방식과 유사한 사고를 나타냄

03 다음 주어진 상황에 가장 잘 부합하는 한자성어를 고르시오.

> 한 중학교 학생이 시험 성적이 좋지 않아 큰 좌절을 겪었다. 처음에는 공부에 흥미를 잃고 자신감을 잃었지만, 이를 계기로 학습 방법을 바꾸고 꾸준히 노력하였다. 그 결과 성적이 크게 향상되어 결국 원하는 마이스터고등학교에 합격하게 되었다.

① 권토중래(捲土重來)　　② 각골난망(刻骨難忘)
③ 전화위복(轉禍爲福)　　④ 내우외환(內憂外患)

◢ **전화위복(轉禍爲福)의 의미**
- 전화위복은 재앙이나 불행이 오히려 복이 되어 좋은 결과로 바뀌는 상황을 의미함
- 사례에서 시험 실패라는 어려움을 겪었지만 이를 계기로 노력하여 좋은 결과를 얻음
- 불리한 상황이 오히려 성장과 성공의 계기가 된 경우에 해당함
- 따라서 불행이 복으로 바뀐 상황을 의미하는 전화위복이 가장 적절함

04 다음 중에서 높임 표현이 잘못된 것은?

① 선생님, 김 선배가 회사에 취직했답니다.
② 길동아, 어머니께서 이 약 챙겨 먹으라셨어.
③ 아저씨, 길 좀 가르쳐 주시겠습니까?
④ 손님, 오늘 사신 물건 값은 모두 3만 원이십니다.

◢ **높임 표현**
- '이십니다'는 사람을 높일 때 사용하는 높임 표현임
- 물건의 값과 같은 사물에는 높임 표현을 사용하지 않음
- 따라서 '3만 원이십니다'는 잘못된 표현임
- 올바른 표현은 '3만 원입니다'임

05 다음 중 높임법의 사용이 적절하지 않은 것은?

① 그분께서는 아들이 둘이십니다.
② 언니, 할머니께서 오라고 하셔.
③ 교장 선생님의 말씀이 계시겠습니다.
④ 어머님, 아버님이 출근하지 않았습니다.

◢ **높임 표현**
- '계시겠습니다'는 '있다'의 높임 표현으로 사람의 존재를 나타낼 때 사용함
- '말씀'은 이미 높임 표현이므로 '계시겠습니다'를 함께 사용하는 것은 부자연스러움
- 따라서 '교장 선생님의 말씀이 계시겠습니다'는 잘못된 높임 표현임
- 올바른 표현은 '교장 선생님의 말씀이 있으셨습니다' 또는 '교장 선생님께서 말씀하셨습니다'임

✔ **01** ② **02** ② **03** ③ **04** ④ **05** ③

06 다음 중 어법에 맞는 문장은?

① 그 여자 신문사에 출근합니다.

② 선생님, 잘 날라가십시오.

③ 선생님, 건강하세요.

④ 네, 선생님께서 빨리 오셔요.

어법 판단

- ② '날라가다'는 잘못된 표현이며 '날아가다'가 올바른 표현임
- ③ 형용사 '건강하다'는 명령형으로 쓰기 부자연스러우므로 '건강하시기 바랍니다' 등으로 표현하는 것이 자연스러움
- ④ '선생님께서 빨리 오셔요'는 '네'를 높이는 표현이 되어 자연스럽지 않음

07 다음 중 밑줄 친 부분이 바르지 않은 것은?

① 나는 요즘 굳게 지낸다.

② 방은 그리 깨끗치 않았다.

③ 진로 문제로 적잖은 고민이 있었다.

④ 그런 일을 저질렀다면 처벌을 면치 못할 것이다.

어법 판단

- '깨끗치'는 잘못된 표기이며 '깨끗지'로 써야 함
- '-지'는 '-치'로 바꾸어 쓰지 않음
- '적잖은'은 '적지 않은'의 준말로 올바른 표현임
- '면치 못하다'도 올바른 표현임

08 다음 중 밑줄 친 부분이 틀리게 된 것은?

① 꽃향기가 옷에 잔뜩 배었다.

② 허리춤을 추기면서 돌아섰다.

③ 사흘 동안이나 잔치를 벌렸다.

④ 밭에서 속은 고추를 끌어모아 담았다.

어법 판단

- '벌렸다'는 잘못된 표현이며 '벌였다'가 올바른 표현임
- '잔뜩 배었다'는 냄새나 향기가 스며든 경우에 자연스러운 표현임
- '추기다'는 흥을 돋우거나 부추긴다는 뜻으로 올바른 표현임
- '솎다'는 촘촘히 있는 것을 군데군데 골라 뽑아 성기게 하는 뜻임

09 다음 글의 주제로 가장 적절한 것은?

경기장에서 시작된 축구 전술은 경기력을 높이기 위한 다양한 전략과 방법을 발전시켜 왔다. 축구에서는 상대 팀의 움직임을 분석하고 그에 맞는 전략을 세우는 것이 매우 중요하다. 예를 들어 선수 배치나 전술적 움직임을 통해 상대 팀의 공격을 막거나 자신의 팀이 공격 기회를 만들 수 있다. 이러한 전술은 단순히 선수 개인의 능력만으로 이루어지는 것이 아니라 팀 전체의 조직적인 움직임과 전략적 판단을 통해 이루어진다. 또한 축구 전술은 시대와 환경의 변화에 따라 계속 발전하고 있으며, 감독과 선수들의 연구와 경험을 통해 새로운 형태로 발전하고 있다.

① 축구 전략과 경기력의 관계 ② 축구 전략의 정의
③ 축구 전술의 변화 과정 ④ 축구 경기의 규칙

글의 주제 파악
- 글은 축구 전략과 전술의 개념을 설명하는 내용임
- 경기에서 전략은 선수 배치와 조직적 움직임을 통해 이루어짐
- 전술은 경기 상황에 맞추어 팀의 경기력을 높이기 위한 방법임
- 따라서 글의 주제는 축구 전략의 정의임

10 다음 내용의 중심 내용으로 가장 옳은 것을 고르면?

법을 찾아서 확인하는 것은 외국어 번역이 남용되면서 대체로 정확하지 않은 경우가 많다. 어떤 경우는 오히려 국내어로 바꾸었을 때가 훨씬 더 이해가 편해지는 경우도 있다. 외래어로 쓰인 표현을 그대로 사용하는 것보다 국내어로 순화해 쓰면 내용을 이해하기가 쉽다. 실제 많은 수도자들이 외래어 대신 국내어로 번역해 사용하고 있으며, 그에 따라 법과 규정을 이해하는 데 도움이 된다는 연구 결과도 있다. 또한 외래어를 그대로 사용하는 것보다 국내어로 바꾸어 쓰면 법의 의미를 더욱 정확하게 전달할 수 있다.

① 외국법을 국내법으로 번역하여 사용하는 이유

② 외국법과 국내법의 충돌

③ 법규정의 실질적 효율을 높이는 법

④ 외국법을 받아들이는 우리의 태도

글의 중심 내용
- 글은 외국법을 국내법으로 번역하여 사용하는 이유를 설명한 내용임
- 외래어 표현을 그대로 사용하는 것보다 국내어로 바꾸면 이해가 쉬움
- 국내어 번역은 법의 의미를 더 정확하게 전달하는 데 도움을 줌
- 따라서 글의 중심 내용은 외국법을 국내법으로 번역하여 사용하는 이유임

11 **다음 내용의 주제로 가장 옳은 것을 고르면?**

> 야구는 다른 스포츠와는 달리 일정한 공간을 넓게 활용할 필요가 있다. 야구에서 기본이 되는 요소는 넓은 내야와 외야이다. 야구장에는 1루에서 3루까지 이어지는 베이스 라인과 외야가 있다. 따라서 야구는 비교적 넓은 공간에서 경기를 해야 하며, 장비도 갖추어야 한다. 이처럼 야구는 다른 스포츠보다 실제로 경기를 하기 위한 준비가 까다롭다.

① 야구 경기 시 구장의 역할

② 실제로 야구 경기를 하기 어려운 이유

③ 집 밖에서 하는 야구 경기는 어떻게 하는가

④ 야구의 규칙은 어떻게 되는가

🔹 **글의 주제 파악**

- 글은 야구를 실제로 하기 위해 필요한 조건을 설명하고 있음
- 야구는 넓은 경기 공간이 필요하고 장비도 갖추어야 함
- 이러한 이유 때문에 다른 스포츠보다 경기를 준비하기가 어려움
- 따라서 글의 중심 내용은 실제로 야구 경기를 하기 어려운 이유임

12 **다음 글을 이해한 내용으로 옳지 않은 것은?**

> 즐거움을 얻기 위해 책을 읽을 때에는 내용을 깊이 분석할 필요 없이 편안한 마음으로 읽는 것이 좋다. 그러나 분석적인 독서를 할 때에는 글의 구조와 의미를 파악하며 읽어야 한다. 예를 들어 문학 작품을 읽을 때에는 이야기의 흐름을 자연스럽게 따라가며 읽는 것이 중요하지만, 비평이나 연구를 위해 읽을 때에는 작품의 주제와 표현 방식 등을 분석적으로 살펴보아야 한다. 이처럼 독서의 목적에 따라 읽는 방식이 달라질 수 있으며, 상황에 맞는 독서 방법을 선택하는 것이 필요하다.

① 다양한 목적의 독서는 서로 다른 독서 방법을 요구한다.

② 독서의 목적에 따라 읽는 방식이 달라질 수 있다.

③ 분석을 위해 책을 읽을 때에는 내용을 깊이 이해하려고 노력해야 한다.

④ 즐거움을 위한 독서에서는 분석적인 태도를 유지해야 한다.

🔹 **글의 내용 이해**

- 글은 독서 목적에 따라 읽는 방법이 달라진다는 내용을 설명함
- 즐거움을 위한 독서는 편안하게 읽는 것이 바람직함
- 분석적 독서는 글의 구조와 의미를 파악하며 읽어야 함
- 따라서 즐거움을 위한 독서에서 분석적 태도를 유지해야 한다는 내용은 옳지 않음

13 다음 글의 제목으로 가장 적절한 것은?

> 인터넷의 발달 이후 우리는 주변의 개념을 다른 관점에서 바라보게 되었다. 전통적으로는 공유 경제가 소비자가 자신의 물건이나 서비스를 타인에게 빌려주는 형태라고 생각되었다. 그러나 최근에는 개인이 소유한 자산뿐만 아니라 기업이 제공하는 플랫폼을 통해 다양한 형태의 공유가 이루어지고 있다. 예를 들어 차량 공유 서비스, 숙박 공유 서비스 등은 개인 간의 거래를 넘어 기업이 플랫폼을 제공하고 이용자들이 이를 통해 자원을 공유하는 방식으로 운영된다. 이러한 변화는 공유 경제의 개념이 단순한 물건의 대여를 넘어 새로운 경제 활동의 형태로 확장되고 있음을 보여 준다.

① 공유 경제의 개념 변화　　② 기업 플랫폼 중심의 경제 구조

③ 공유 서비스의 구체적 사례　　④ 인터넷 경제의 특징

🔹 **글의 제목 찾기**
- 글은 공유 경제의 의미가 변화하고 있음을 설명하는 내용임
- 과거에는 개인이 소유한 물건을 빌려주는 개념이 중심이었음
- 최근에는 기업 플랫폼을 통해 다양한 공유 서비스가 등장함
- 따라서 글의 제목으로 가장 적절한 것은 공유 경제의 개념 변화임

14 다음 글을 읽고 유추할 수 있는 것은?

> 화가 모딜리아니는 돈을 벌기 위해 그림을 그리지 않았다. 그는 아무에게나 대충을 공짜로 나눠 주었다. 부탁을 받으면 사인까지도 서슴지 않고 해 주었다. 어느 날 그를 찾아온 미국 노인이 그의 그림을 그려 달라고 했다. 모딜리아니는 흔쾌히 노인의 초상을 그려 주었다. 그런데 노인은 그림을 받은 뒤 "돈은 드릴 테니 여기 사인을 해 주세요."라고 부탁했다. 그러자 모딜리아니는 그림을 가릴 정도로 크게 사인을 해 주었다.

① 모딜리아니는 사인을 회화에 도입한 최초의 화가였다.

② 모딜리아니는 고객에게 사인을 크게 하기로 유명했다.

③ 모딜리아니는 노인의 그림보다 사인을 더 원하는 뜻으로 이해했다.

④ 모딜리아니는 노인의 시계까지도 배려했던 아름다운 마음을 가진 화가였다.

🔹 **내용 유추**
- 노인은 초상화를 받은 뒤 돈을 주면서 사인을 해 달라고 요청함
- 모딜리아니는 그림을 가릴 정도로 크게 사인을 해 줌
- 이는 노인이 그림보다 사인을 더 원한다고 생각했음을 보여 줌

✓ 11 ② 12 ④ 13 ① 14 ③

15 **다음 글의 내용으로 가장 적절한 것은?**

> 자석은 서로 다른 성질을 가진 극을 가지고 있다. 자석에는 N극과 S극이 있으며, 서로 다른 극은 서로 끌어당기고 같은 극은 서로 밀어낸다. 이러한 성질 때문에 자석은 여러 가지 기계나 장치에 활용된다. 예를 들어 전기 모터나 발전기와 같은 장치에서는 자석의 성질을 이용하여 에너지를 변환하기도 한다. 또한 자석은 물체를 고정하거나 움직이게 하는 장치에도 사용된다. 이처럼 자석은 다양한 분야에서 중요한 역할을 한다.

① 자석은 서로 다른 극이 서로 끌어당긴다.

② 자석은 같은 극이 서로 끌어당긴다.

③ 자석은 극의 구분이 없다.

④ 자석은 전기 장치에 사용되지 않는다.

자석의 성질
- 자석에는 N극과 S극이라는 두 가지 극이 있음
- 서로 다른 극은 서로 끌어당기는 성질이 있음
- 같은 극은 서로 밀어내는 성질이 있음
- 따라서 서로 다른 극이 서로 끌어당긴다는 내용이 옳음

16 **다음 글을 통하여 알 수 있는 사실이 아닌 것은?**

> 생물체는 변화하는 외부 환경과 상관없이 비교적 일정하게 체내 환경을 유지한다. 이를 항상성이라 하며, 항상성을 유지하기 위해 다양한 기관과 체액의 작용이 이루어진다. 예를 들어 pH와 같은 체내 환경이 크게 변하면 효소의 구조가 변해 생명 활동에 문제가 생길 수 있다. 그래서 체내에서는 여러 완충 작용을 통해 pH의 변화를 최소화한다. 혈액 속에는 탄산과 중탄산 이온 등이 있어 산이나 염기가 들어와도 pH 변화를 줄이는 역할을 한다. 또한 호흡을 통해 이산화탄소의 양을 조절함으로써 체내 산성도를 조절할 수 있다. 이러한 작용을 통해 혈액의 pH는 일정하게 유지된다.

① 우리 몸의 pH는 완충 작용을 통해 비교적 일정하게 유지된다.

② 혈액의 완충 작용은 탄산과 중탄산 이온 때문에 가능하다.

③ 혈액에 염기가 첨가되면 중탄산 이온과 수소 이온을 만든다.

④ 체내에서 효소의 구조가 변하면 pH가 바뀌면서 생명 활동에 문제가 생긴다.

내용 이해

- 글은 항상성을 유지하기 위해 체내 pH가 일정하게 유지된다고 설명함
- 혈액 속 탄산과 중탄산 이온은 완충 작용을 통해 pH 변화를 줄임
- pH가 크게 변하면 효소의 구조가 변해 생명 활동에 문제가 생길 수 있음
- 따라서 효소 구조 변화 때문에 pH가 바뀐다는 설명은 글의 내용과 맞지 않음

17 다음 글의 내용으로 잘못 파악한 것은?

> 프로이트는 20세기 초에 정신병 환자를 치료하면서 이전까지와는 다른 생각을 하게 되었다. 인간은 자기 자신을 결코 완벽하게 통제할 수 없으며 인간 행동의 의미와 중요성을 통해 그 안에 무의식이 있다고 보았다. 또한 그는 도덕과 양심조차도 충분하지 못하다고 생각하였다. 프로이트는 인간 심리의 많은 영역, 즉 무의식이 인간을 조종한다고 보았다. 무의식은 인간의 의식과 행위를 결정하는 중심이 된다고 하였다. 이로써 모든 확실한 인식은 의식에서 출발한다고 생각하던 전통철학은 위기를 맞게 되었다.

① 인간은 확실한 인식을 통하여 무의식을 통제할 수 있다.

② 프로이트는 인간 의식에 대한 새로운 이해에 도달하였다.

③ 인간의 도덕적 양심도 무의식으로부터 독립적이지 못하다.

④ 전통철학에서는 도덕적 양심도 의식에서 출발한다고 설정하였다.

내용 파악

- 프로이트는 인간 행동의 중심에 무의식이 존재한다고 보았음
- 무의식은 인간의 의식과 행동을 결정하는 순요한 영역임
- 따라서 인간이 확실한 인식을 통해 무의식을 통제할 수 있다는 설명은 글의 내용과 맞지 않음

18 **다음 글에 나타난 글쓴이의 궁극적인 주장으로 가장 적절한 것은?**

> 옛날에는 외국으로부터 중국에 자재를 보내 입학시키는 자가 매우 많았다. 근래에도 유학하는 사람들은 중국의 대학에 들어가 여러 해 동안 전문적으로 새로운 문화와 기술을 배웠다. 일본은 이를 통해 군사와 정치, 경제 등 여러 분야에서 중국의 선진 기술을 배우게 되었다. 이 때문에 일본은 점차 발전하며 국력이 강해졌다.
>
> 그러나 우리나라는 이러한 변화 속에서도 새로운 기술을 적극적으로 받아들이지 못하고 있었다. 그 결과 국력이 약해지고 나라의 발전도 더디게 이루어졌다. 만일 지금이라도 중국의 선진 기술을 배우고 받아들이려는 노력을 하지 않는다면 앞으로 더 큰 어려움에 처할 수 있다. 그러므로 다른 나라의 좋은 기술을 배우고 활용하려는 자세가 필요하다.

① 부국강병을 이루어야 한다.

② 중국의 선진적인 기술을 받아들여야 한다.

③ 중국 기술의 우수성을 인정해야 한다.

④ 숙련된 전문 기술자를 더 많이 양성해야 한다.

글쓴이의 주장

- 글은 다른 나라가 중국에 와서 선진 기술을 배워 발전한 사례를 제시함
- 일본도 중국의 기술을 받아들여 국력을 강화하였다고 설명함
- 우리나라 역시 이러한 기술을 배우지 않으면 발전이 어렵다고 주장함
- 따라서 글쓴이의 궁극적인 주장은 중국의 선진 기술을 받아들여야 한다는 것임

19 **다음 글의 내용과 일치하는 것은?**

> 한국 수학 교육의 문제는 실제로 사용되는 언어의 문제와 관련이 있다. 예를 들어 수학에서 '소인수 분해'라는 말을 들으면 어떤 느낌이 드는가? 소인수라는 단어는 우리 일상에서 거의 사용하지 않는 표현이다. 한국말로는 '작은 수로 나눈다'는 의미로 이해할 수 있지만, 실제로는 그 의미가 직관적으로 잘 전달되지 않는다. 이처럼 수학에서 사용하는 많은 용어들은 일상 언어와는 다소 거리가 있다.
>
> 다른 나라에서는 수학을 가르칠 때 이러한 언어적 장벽을 줄이려는 노력을 한다. 수학 개념을 설명할 때 보다 이해하기 쉬운 표현을 사용하기 때문이다. 반면 한국에서는 수학 용어 자체가 어렵고 추상적이어서 학생들이 개념을 이해하는 데 어려움을 겪는 경우가 많다. 결국 한국 수학 교육의 문제 중 하나는 언어의 문제라고 할 수 있다.

① 우리말 표현으로 바꾸면 수학 용어는 어렵지 않다.

② 수학 교육의 문제점은 학교와 교육제도의 문제이다.

③ 실생활과 수학에서 사용하는 용어는 개념상 동일하다.

④ 외국에서 수학을 배우는 것이 쉬운 이유는 교육과정이 적기 때문이다.

내용 파악

- 글은 한국 수학 교육에서 사용되는 언어의 어려움을 설명함
- 수학 용어가 일상 언어와 달라 이해하기 어렵다는 점을 지적함
- 이해하기 쉬운 표현을 사용하면 개념 파악이 쉬워질 수 있음을 강조함
- 따라서 우리말 표현으로 바꾸면 수학 용어의 이해가 쉬워질 수 있다는 내용이 글과 일치함

20 다음 글을 통하여 알 수 있는 사실이 아닌 것은?

> 도로의 종합적인 관리를 위해서는 통과한 차량의 수와 주행 속도뿐만 아니라 각 도로를 통과한 차량의 종류에 대한 정보도 필요하다. 차량 정보를 얻기 위해 사용되는 장비에는 차량의 길이, 바퀴가 연결된 축의 수, 바퀴와 도로 사이의 높이 측정 등이 있다. 이러한 정보는 두 개의 센서를 이용해 차량의 속도와 길이를 계산하고, 차량이 지나가는 시간을 기준으로 측정된다. 또한 차량의 바퀴 수와 축의 수를 이용하여 차량의 종류를 분류할 수 있다. 이와 같은 다양한 센서를 통해 수집된 정보를 바탕으로 교통량과 차량의 종류를 분석하여 도로 관리에 활용할 수 있다.

① 차량 속도를 알기 위해 필요한 센서의 종류

② 도로의 종합적 관리를 위해 필요한 차량 정보

③ 차량 통과 여부 판단을 위해 필요한 센서의 종류

④ 신호등 간격을 제어하기 위해 필요한 센서의 종류

내용 이해

- 글은 도로 관리를 위해 차량 수, 속도, 차량 종류 정보를 수집하는 방법을 설명함
- 센서를 통해 차량 길이, 바퀴 수, 통과 시간 등을 측정할 수 있음
- 이러한 정보는 교통량 분석과 도로 관리에 활용됨
- 그러나 신호등 간격을 제어하기 위한 센서에 대해서는 설명하지 않음

18 ② 19 ① 20 ④

M·E·M·O

21 **다음은 판결문의 일부이다. 이를 통해 추론할 수 있는 내용으로 가장 적절한 것은?**

> 보행자가 신호등을 무시하고 횡단보도를 무단으로 건넜을 때, 단순하고 벌금형을 물리는 것은 교통사고 및 각종 안전사고로부터 국민의 생명과 신체에 대한 위험을 방지하고 사회적 부담을 줄여 사회 공동의 이익을 보호하려는 법의 목적을 달성하기 위한 것이다.

① 사회의 공익이 중요할 때 국민의 우선권이 인정된다.

② 신체의 자유는 어떤 경우에도 제한될 수 없다.

③ 보행자는 불가피한 경우 신호등을 무시할 수 있다.

④ 기본권은 공익이 명백하게 침해될 때 일부 제한될 수 있다.

◀ 내용 추론

- 글은 보행자가 신호를 무시하고 횡단보도를 건너는 행위에 벌금을 부과하는 이유를 설명함
- 이는 국민의 생명과 안전을 보호하고 사회 공동의 이익을 지키기 위한 것임
- 개인의 자유보다 공공의 안전과 이익을 고려한 법적 규제의 사례임
- 따라서 기본권은 공익이 명백히 침해될 때 일부 제한될 수 있음을 추론할 수 있음

22 **다음 글을 이해한 내용으로 적절하지 않은 것은?**

> 한때 캘리포니아 양조 농장에서는 맥아에서 위기를 겪었던 적이 있다. 수입 주류에는 우리 쌀과 현미가 다른 맛이 난다는 이유로 소비자들이 관심을 보이지 않았기 때문이다. 그러나 이후 보관 문제를 해결하면서 맛이 좋아지기 시작하였다. 맥주의 맛은 보관 상태에 따라 달라질 수 있는데, 특히 높은 온도에서 장기간 보관하면 맛이 변할 수 있다.
>
> 맥주 제조 과정에서도 효모의 역할이 매우 중요하다. 효모는 발효 과정에서 알코올과 다양한 향미 성분을 만들어 낸다. 또한 맥주를 생산한 이후에도 저장과 보관 과정이 중요하며, 온도와 빛의 영향을 최소화해야 한다. 이러한 과정을 통해 맥주의 맛과 품질을 안정적으로 유지할 수 있다.

① 국내산 쌀과 수입 쌀의 맥주 맛은 큰 차이가 없다.

② 맥주의 맛을 좋게 하려면 보관 방법을 개선해야 한다.

③ 맥주를 잘 만들기 위해서는 효모의 역할이 중요하다.

④ 맥주의 품질을 유지하려면 저장과 보관 관리가 필요하다.

내용 이해

- 글은 맥주의 맛과 품질이 보관 상태에 영향을 받을 수 있음을 설명함
- 또한 맥주 제조 과정에서 효모의 역할이 중요하다고 설명함
- 저장과 보관 과정에서 온도와 빛의 영향을 줄이는 관리가 필요함
- 그러나 맥주의 맛을 좋게 하려면 보관 방법을 개선해야 한다는 내용은 글의 취지와 맞지 않음

23 다음 중 내용 전개상 ( )에 들어갈 문장으로 가장 적절한 것은?

> 인간에게는 약 1000개의 후각 수용체 유전자가 있는 것으로 추정되고 있다. 그중 약 350개만이 기능을 하며, 나머지는 기능을 하지 못하는 유전자로 알려져 있다. 이러한 기능을 잃은 유전자를 '위유전자(pseudogene)'라고 한다. 과거에 후각 수용체 유전자는 먹이를 찾거나 위험을 피하는 데 중요한 역할을 했지만, 인간의 생활 방식이 변화하면서 그 필요성이 점차 줄어들었다.
> 이러한 현상에 대한 가장 설득력 있는 설명은 ( )이다. 동물들은 먹이를 찾고 위험을 피하기 위해 매우 발달된 후각을 가지고 있다. 그러나 인간은 이러한 기능이 생존에 필수적이지 않게 되면서 후각 관련 유전자의 일부가 기능을 잃게 되었다. 생물의 유전자는 환경의 변화에 따라 선택되고 변화한다는 점에서 이러한 현상은 자연선택의 결과라고 볼 수 있다.

① 망막과 후각조직의 차이에 따라 유전자는 거의 없다.

② 우리 조상들이 지니고 있던 옛 발달된 후각 기능이 점점 생존에 필요성을 잃어 갔다.

③ 생물의 진화 과정에서 볼 때 인간은 원숭이보다 더욱 후각 수용체를 가진다.

④ 후각을 민감하게 하는 유전자의 수가 다른 종보다 더 많다.

내용 추론

- 글은 인간에게 기능을 잃은 후각 수용체 유전자가 많은 이유를 설명함
- 과거에는 후각이 생존에 중요했지만 생활 환경이 변하면서 필요성이 줄어듦
- 그 결과 일부 후각 유전자가 기능을 잃게 되었음을 설명함
- 따라서 조상들의 발달된 후각 기능이 점차 생존에 필요성을 잃었다는 설명이 가장 적절함

21 ④ 22 ② 23 ②

24 다음 중 글의 내용으로 적절하지 않은 것은?

> 물 분자는 수소 결합이라는 독특한 결합 방식을 통해 다른 극성의 분자들보다 더 잘 뭉친다. 다른 원자에 비해 상대적으로 전자를 잘 끌어당기는 산소는 결합하고 있는 수소 원자로부터 전자를 끌어당기기도 하지만, 이웃에 위치한 다른 분자의 수소 원자에 있는 전자까지도 끌어당길 수 있다. 이렇게 서로 이웃에 위치한 분자들끼리 수소 원자를 사이에 두고 결합이 형성되는 것을 수소 결합이라 한다.
>
> 액체 상태의 물에서 분자들이 기체 상태의 물과 같은 간격이 되려면 수소 결합이 끊어져야 하는데, 이를 위해서는 물 분자가 많은 열을 가해 활발하게 움직이도록 해야 한다. 따라서 물의 끓는점은 다른 액체에 비해 높다. 또한 다른 액체와 달리 물이 얼 때에는 부피가 늘어나는 특징이 있다. 물 분자들은 수소 결합에 의해 공간이 넓은 육각형 구조를 형성하기 때문에 부피가 늘어나고 밀도가 작아지게 된다.

① 물 분자는 산소 원자를 사이에 두고 결합한다.

② 물 분자는 다른 극성 분자들보다 더 잘 뭉친다.

③ 다른 분자의 수소 원자에 있는 전자도 끌어당길 수 있다.

④ 액체 상태의 물을 기체 상태로 만들기 위해서는 분자가 활발하게 움직여야 한다.

> ◤ **내용 이해**
> - 물 분자는 수소 원자를 사이에 두고 수소 결합을 형성함
> - 물은 다른 극성 분자보다 잘 뭉치는 특성이 있음
> - 산소 원자는 이웃 분자의 수소 원자에 있는 전자도 끌어당길 수 있음
> - 물이 기체 상태가 되려면 분자가 활발하게 움직여 수소 결합이 끊어져야 함

25 다음 글을 이해한 내용으로 가장 적절한 것은?

> 올라갈 사다리가 더 이상 없다면 그는 자신의 머리를 딛고 올라갈 줄도 알아야 한다. 다른 사람의 도움을 기다리기만 해서는 더 높은 곳에 오를 수 없다. 결국 더 높은 곳에 도달하기 위해서는 자기 자신을 넘어서는 노력이 필요하다. 많은 것을 이루기 위해서는 자기 자신을 뛰어넘을 줄 아는 자세가 중요하다.

① 자신이 지향하는 더 높은 곳에 오르려면 무엇보다 자기 자신을 이겨야 한다.

② 자기 자신을 지키면 더 높이 오를 수 있다.

③ 올라갈 사다리가 없을 때 비로소 뛰어날 수 있다.

④ 더 이상 올라갈 수 없다면 다른 이의 머리를 딛고 올라가야 한다.

내용 이해

- 글은 더 높은 목표에 도달하기 위해 필요한 태도를 설명함
- 다른 사람의 도움에만 의존해서는 성장할 수 없음을 강조함
- 결국 자신의 한계를 극복하고 스스로를 뛰어넘어야 함을 말함
- 따라서 자기 자신을 이겨야 더 높은 곳에 오를 수 있다는 내용이 적절함

26 다음 글에 나타난 '치유'의 문제에 대한 글쓴이의 입장을 바르게 이해한 것은?

> 상처 입은 한 여자가 여행을 떠났다. 갈 수 있는 한 가장 멀리 간 아프리카 동부의 잔지바르 섬에서 그녀는 돌고래와 함께 수영을 하게 되었다. 그 순간 그녀는 돌고래와의 교감을 통해 마음의 상처가 조금씩 치유되는 느낌을 받았다. 자연 속에서 만난 돌고래와의 경험은 그녀에게 삶의 의지를 다시 갖게 하는 계기가 되었다.
>
> 하지만 다른 사례에서는 돌고래가 좁은 수족관에 갇혀 스트레스를 받는 상황에서 사람을 공격하는 일이 있었다. 돌고래는 자연에서 자유롭게 살아갈 때와 달리 인위적인 환경에 놓이면 공격적인 행동을 보일 수 있다. 이러한 사례는 자연에서의 경험과 인위적인 환경에서의 경험이 서로 다르게 나타날 수 있음을 보여 준다.

① 치유는 사랑의 실천을 통해서만 이루어질 수 있다.

② 현대 사회에서의 치유는 놀라움이 동반되어야만 한다.

③ 자연과의 만남이 아닌 곳에서 올바른 치유는 이루어질 수 없다.

④ 본능을 물리적으로 억누르는 것은 치유와 동일시하면 안 된다.

글쓴이의 입장

- 글은 자연 속에서 돌고래와 만난 경험이 사람에게 치유의 효과를 줄 수 있음을 설명함
- 반면 인위적인 환경에서는 돌고래가 공격적인 행동을 보일 수 있음
- 자연과 인위적 환경의 차이에 따라 결과가 달라질 수 있음을 보여 줌
- 따라서 자연과의 만남이 아닌 곳에서는 올바른 치유가 이루어지기 어렵다는 입장임

24 ① **25** ① **26** ③

27 다음 글의 내용과 일치하지 않는 것은?

영국의 초대 수상인 월폴은 귀족들의 호화 주택에 대해 과세를 시도하여 처음에는 벽난로가 있는 집에만 세금을 부과하였다. 그러나 매우 관리의 무례함 때문에 실제로는 벽난로 수를 기준으로 과세하였다. 부자에게 과세하기 위해 만든 '창문세'는 창문이 적은 건축 양식을 유행하게 하는 왜곡된 결과를 낳았다. 이 세금은 공정성을 지향했으나 효율성을 저해한 것이다.

재정 정책은 효율적이면서도 공정해야 한다. 먼저 정책의 효율성은 경제 주체의 의사 결정이 왜곡되지 않도록 하여 조세를 징수하는 것을 의미한다. 즉 세수 확보, 경제 성장, 공공 서비스 개선 등에 기여해야 한다. 재정 정책이 공정하기 위해서는 소득 능력에 따라 세금이 거두어져야 하고 정부의 지출을 통해 빈부 격차가 완화되어야 한다.

우리나라 세금 가운데 가장 큰 비중을 차지하는 것은 부가 가치세, 소득세, 법인세이다. 이들 세금은 전체 조세 수입 중 약 70%를 차지한다. 이 중에서 부가 가치세는 모든 상품의 부가 가치에 대해 일정한 세율이 적용되어 생산과 소비 과정에 영향을 주지 않으므로 효율성의 기준을 충족시킨다. 그러나 공정성의 기준을 충족시키지 못하는데, 부가 가치세가 붙는 상품은 소득과 관계없이 누구나 구매하기 때문이다. 따라서 저소득층이 상대적으로 세금을 더 부담하게 된다.

① 정부의 정책 취지가 좋더라도 결과가 왜곡될 수 있다.

② 효율적인 재정 정책에는 경제 활동을 크게 왜곡시키지 않는 것도 포함된다.

③ 부가 가치세는 소득 격차를 줄이는 데 큰 도움을 준다.

④ 누진세를 적용할 경우 효율성 저하 문제를 고려해야 한다.

내용 이해

- 글은 조세 정책에서 효율성과 공정성이 모두 중요하다고 설명함
- 창문세 사례는 정책 의도와 달리 결과가 왜곡될 수 있음을 보여 줌
- 부가 가치세는 효율성은 높지만 공정성 측면에서는 문제가 있음
- 저소득층이 상대적으로 더 많은 세금을 부담하게 되어 소득 격차 완화에 도움이 되지 않음

28 **다음 글의 내용과 일치하지 않는 것은?**

> 다윈은 사람이 동물의 감정 표현, 행동의 유사성 등이 유전 또는 자연의 법칙과 같은 다른 생물체의 본능에서도 동일한 형태로 나타난다는 점을 설명하였다. 이러한 논의는 인간의 심리나 사회 현상도 자연선택의 관점에서 이해할 수 있다는 생각으로 이어졌다.
>
> 이러한 관점을 적극적으로 활용한 학자가 바로 스펜서이다. 그는 인간 사회의 문제를 자연선택의 원리와 연결하여 설명하려 하였다. 스펜서는 인간 사회에서 경쟁을 통해 적응하는 과정이 이루어지며, 이러한 과정이 사회 발전에 영향을 미친다고 보았다. 또한 사회 문제를 이해할 때 자연의 법칙을 참고할 수 있다고 주장하였다.
>
> 그러나 스펜서의 주장은 당시 사회적 상황과 결합되면서 논란을 낳았다. 그의 이론은 사회적 약자나 빈곤 문제를 자연선택의 결과로 해석하는 데 이용되기도 하였으며, 이로 인해 사회적 갈등과 비판을 불러일으키기도 하였다. 이러한 점 때문에 그의 사상은 사회적으로 다양한 논쟁을 일으켰다.

① 다윈은 인간 사회도 동물과 마찬가지로 자연 법칙이 적용되는 대상으로 보았다.

② 스펜서는 혁명에 따른 사회적 비용을 줄일 수 있을 것이라고 생각했다.

③ 스펜서는 다윈의 산업혁명 이후의 사회 현실을 설명하는 데 영향을 주었다.

④ 스펜서의 주장은 그가 기대한 것과는 달리 사회적 논란을 불러일으켰다.

내용 이해

- 글은 다윈의 자연선택 개념이 인간 사회 이해에 활용된 과정을 설명함
- 스펜서는 이러한 관점을 사회 문제 설명에 적용하려 하였음
- 그러나 그의 이론은 사회적 약자 문제 등을 정당화하는 데 이용되며 논란을 낳음
- 스펜서는 혁명으로 인한 사회적 비용을 줄일 수 있다고 보지 않았으므로 ②는 글의 내용과 일치하지 않음

27 ③ 28 ②

29 다음 글의 주제로 가장 적절한 것은?

> 지구 상의 중위도나 고위도 상공에 존재하는 아주 좁고 빠르게 움직이는 강풍대를 제트 기류라고 한다. 이러한 제트 기류는 어떤 과정을 통해 형성되는 것일까?
>
> 지구의 대규모 대기 순환은 열적으로 불균등한 분포를 보이고 있는데, 이러한 열적 에너지 불균형 상태를 평형 상태로 되돌리기 위해 대기는 지구 위에서 끊임없이 움직이고 있다. 태양으로부터 많은 에너지를 받은 적도 부근의 따뜻한 공기는 상승하고, 극지방의 차가운 공기는 하강한다. 이러한 대기 순환 과정에서 공기의 이동과 열의 이동이 이루어진다.
>
> 적도 부근에서 상승한 공기는 상층 대기로 이동한 뒤 위도 방향으로 흐르며 이동한다. 이 공기가 다시 하강하면서 대기 순환이 이루어지는데, 이러한 과정에서 서로 다른 온도를 지닌 공기가 만나는 경계에서 강한 바람이 형성된다. 이와 같이 서로 다른 성질을 가진 공기가 만나는 경계에서 형성되는 강한 바람이 바로 제트 기류이다.

① 대기의 순환 ② 제트 기류의 개념
③ 제트 기류의 생성 원리 ④ 제트 기류 변화의 특징

◀ 글의 주제
- 글은 제트 기류가 어떤 과정에서 형성되는지 설명함
- 태양 에너지에 따른 대기 순환과 공기의 상승·하강 과정이 제시됨
- 서로 다른 성질의 공기가 만나는 경계에서 강한 바람이 형성됨을 설명함
- 따라서 글의 주제는 제트 기류의 생성 원리임

30 다음 글의 내용을 통해 알 수 있는 내용이 아닌 것은?

> 일제 침략 이후 우리말과 글 속에는 일본어에서 유래한 말들이 많이 남아 우리 언어를 오염시켰다. 해방 후 한글 학자들과 언어학자들은 이러한 문제를 해결하기 위해 우리말을 바로잡고 순화하려는 노력을 기울였다. 그 과정에서 외래어와 일본식 표현을 우리말로 바꾸려는 다양한 시도가 이루어졌다.
>
> 언어는 생활 속에서 자연스럽게 변화하는 것이지만, 지나치게 외래어에 의존하는 것은 바람직하지 않다는 의견도 제기되었다. 학자들은 우리말의 체계를 바로잡고 우리 고유의 표현을 살리기 위한 노력을 강조하였다. 이러한 움직임은 우리말을 더 쉽고 정확하게 사용할 수 있도록 하려는 목적을 지니고 있었다.

① 일제 침략 이후 우리나라에 일본어에서 유래한 말이 많이 남아 사용되었다.

② 일제 강점기에 우리 말과 글을 바로잡으려는 노력이 있었다.

③ 주시경 선생이 우리 말과 글을 가꾸기 위한 구체적인 방법을 제시하였다.

④ 국어에 익숙하지 않은 사람도 외래어를 이해할 수 있는 우리말이 만들어졌다.

🔖 내용 이해

- 글은 일제 침략 이후 우리말 속에 일본어에서 유래한 말이 많이 남았음을 설명함
- 이를 바로잡기 위해 우리말을 순화하려는 노력이 이루어졌음을 제시함
- 주시경 선생의 말을 인용하여 국어 순화의 필요성을 강조함
- 그러나 우리말과 글을 가꾸기 위한 구체적인 방법이 제시되었다는 내용은 확인할 수 없음

31 다음 문장을 의미 맥락이 통할 수 있도록 논리적 순서에 맞게 나열한 것은?

> (가) 모든 대화는 학습된 경험에 기초하여 이루어진다.
> (나) 대부분의 대화는 개인의 인생 경험에 영향을 받는다.
> (다) 이 때문에 대부분의 반응은 집에서 부모에게, 혹은 교사에게 배운 것들이다.
> (라) 특히 감정적인 상태이거나 스트레스를 받았을 때의 반응은 더욱 영향을 받는다.

① (가) - (다) - (라) - (나)　　　② (가) - (라) - (나) - (다)
③ (나) - (라) - (가) - (다)　　　④ (나) - (다) - (가) - (라)

🔖 문장 배열

- (가)에서 대화가 학습된 경험에 기초한다는 일반 원리를 제시함
- (다)는 '이 때문에'라는 연결어로 (가)의 내용에 대한 결과를 설명함
- (라)는 감정 상태나 스트레스 상황에서 그 영향이 더 커짐을 덧붙임
- (나)는 이러한 내용을 종합하여 대화가 개인의 인생 경험에 영향을 받는다는 결론을 제시함

29 ③ 30 ③ 31 ①

32 다음 글에서 ㉠~㉢의 순서를 가장 적절하게 배열한 것은?

> [서두]
> 한국 문화를 흔히 적어 온 문화적 전통의 시대성을 망각하기 쉽다.
>
> [본문]
> ㉠ 즉 우리 민족에게 고유하다고 하는 전통 문화가 옛날부터 지속되어 온 것인지, 과거 한 시기에만 있었던 것인지, 아니면 근래에 갑자기 생겨난 것인지 하는 시대성에 대한 고려가 없는 경우가 많은 것이다.
> ㉡ 그러므로 지금의 문화 현상 가운데 어느 특정 시기에만 있었거나 근래에 생겨난 현상을 오랜 옛날부터의 전통 문화로 오해하는 경우가 생기기도 한다.
> ㉢ 그러나 갑자기 생겨났거나 어느 특정 시기에만 있었던 것으로 알려진 문화 현상을 옛날부터 지속되어 온 것과 구별하지 않으면, 적절한 전통의 문화상을 그려 내기 어려울 것이다.
>
> [결말]
> 따라서 오늘날 한국 문화를 생각할 때는 역사적인 문화 전통, 특히 각 문화 요소들이 지니고 있는 역사 속에서의 시대성을 깊이 고려해야 한다.

① ㉠ - ㉡ - ㉢ ② ㉠ - ㉢ - ㉡
③ ㉡ - ㉠ - ㉢ ④ ㉡ - ㉢ - ㉠

문단 배열
- ㉠에서 전통 문화의 시대성에 대한 고려가 부족한 문제를 제시함
- ㉢에서 특정 시기에 생긴 문화 현상을 구별하지 않으면 전통 문화상을 제대로 이해하기 어렵다고 설명함
- ㉡은 이러한 문제로 인해 문화 현상을 전통 문화로 오해할 수 있음을 결과로 제시함
- 따라서 글의 흐름은 ㉠ → ㉢ → ㉡ 순서가 가장 자연스러움

33 다음 문장에서 "역사는 자기 인식을 목적으로 한다."라는 문장을 첫 문장으로 하여 논지를 전개하고자 할 때, (가)~(라)의 순서를 적절하게 연결한 것은?

> (가) 물론 무엇을 할 수 있었겠는가는 자신이 직접 경험하지 않은 이상 알 수 없다.
> (나) 따라서 역사의 가치는 인간이 무엇을 해왔는가를 연구함으로써 앞으로 무엇을 할 수 있는가, 또 해야 하는가를 가르쳐 주는 데 있다고 할 수 있다.
> (다) 하지만 과거 인간의 행동에 따른 원인과 결과를 연구함으로써 앞으로의 인간 행동에 따른 결과의 가능성도 짐작할 수 있게 된다.
> (라) 인간에게 있어 가장 중요한 것은 자기 자신의 일을 아는 일이다. 자기 자신을 아는 것은 자신이 앞으로 무엇을 할 수 있겠는가를 아는 것이라고 할 수 있다.

① (가) - (나) - (다) - (라)　　② (나) - (가) - (라) - (다)

③ (다) - (라) - (가) - (나)　　④ (라) - (가) - (다) - (나)

문장 배열

- (라)에서 자기 인식의 중요성을 설명하며 논지를 이어감
- (가)에서 미래 행동의 가능성을 직접 경험 없이 알기 어렵다는 점을 제시함
- (다)에서 과거 인간 행동의 연구를 통해 미래 결과를 짐작할 수 있음을 설명함
- (나)에서 이러한 내용을 종합하여 역사의 가치에 대한 결론을 제시함

02　영어

34 학교 도서관 입구에 다음과 같은 표지판이 붙어 있다. 이 표지판의 의미로 가장 적절한 것은 무엇인가?

Keep Quiet

① 조용히 하세요　　② 줄을 서세요

③ 책을 빌리세요　　④ 문을 닫으세요

표지판 의미 이해

- keep quiet는 조용히 하라는 의미임
- 도서관에서는 조용한 환경을 유지해야 함
- 학생들에게 소음을 줄이라는 안내임

35 학생이 친구에게 다음과 같이 말하였다. 이 문장의 의미로 가장 적절한 것은 무엇인가?

"I'm waiting for you in the cafeteria."

① 나는 교실에서 기다리고 있다

② 나는 식당에서 기다리고 있다

③ 나는 운동장에서 기다리고 있다

④ 나는 도서관에서 기다리고 있다

장소 어휘 이해

- cafeteria는 학교 식당 의미임
- classroom은 교실 의미임
- library는 도서관 의미임

32 ② 33 ④ 34 ① 35 ②

36 다음 전화 대화의 빈칸에 들어갈 말로 가장 적절한 것은?

> A: Hello.
> B: Hello. May I ______ to the teacher?

① eat　　　　　　　② drive
③ speak　　　　　　④ read

전화 표현 이해
- speak to는 ~와 통화하다 의미임
- 전화 대화에서 자주 사용하는 표현임
- 선생님과 통화를 요청하는 상황임

37 다음 안내 문장의 의미로 가장 적절한 것은 무엇인가?

> Turn right at the hallway.

① 복도에서 멈추세요　　　② 복도에서 왼쪽으로 가세요
③ 복도에서 뒤로 가세요　　④ 복도에서 오른쪽으로 가세요

방향 표현 이해
- turn right는 오른쪽으로 돌다 의미임
- hallway는 복도 의미임
- 길을 안내하는 표현임

38 다음 문장의 의미로 가장 적절한 것은 무엇인가?

> The class starts at 9 a.m.

① 수업은 오전 9시에 시작한다
② 수업은 오후 9시에 시작한다
③ 수업은 오전 7시에 시작한다
④ 수업은 오후 7시에 시작한다

시간 표현 이해
- start는 시작하다 의미임
- a.m.은 오전 의미임
- 9 a.m.은 오전 9시 의미임

39 **다음 문장에서 빈칸에 들어갈 말로 가장 적절한 것은?**

> Please _______ your homework.

① eat　　　　　　② finish

③ sleep　　　　　④ swim

◢ **기본 표현 이해**

- finish는 끝내다 의미임
- homework는 숙제 의미임
- 숙제를 완료하라는 의미임

40 **다음 문장의 의미로 가장 적절한 것은 무엇인가?**

> The classroom is on the second floor.

① 교실은 지하에 있다

② 교실은 1층에 있다

③ 교실은 2층에 있다

④ 교실은 옥상에 있다

◢ **위치 표현 이해**

- classroom은 교실 의미임
- second floor는 2층 의미임
- 교실 위치를 설명하는 문장임

41 **다음 문장의 의미로 가장 적절한 것은 무엇인가?**

> Please close the window.

① 창문을 여세요　　　　② 창문을 잠그세요

③ 창문을 닫으세요　　　④ 창문을 청소하세요

◢ **요청 표현 이해**

- close는 닫다 의미임
- window는 창문 의미임
- 창문을 닫아 달라는 요청임

36 ③ 37 ④ 38 ① 39 ② 40 ③ 41 ③

42 다음 문장에서 빈칸에 들어갈 말로 가장 적절한 것은?

> Please ______ the assignment today.

① send

② eat

③ sleep

④ jump

◀ **학교 생활 표현**

- send는 보내다 의미임
- assignment는 과제 의미임
- 과제를 제출하라는 의미임

43 다음 문장의 의미로 가장 적절한 것은 무엇인가?

> How can I help you?

① 무엇을 먹을까요

② 무엇을 살까요

③ 어떻게 도와드릴까요

④ 어디로 갈까요

◀ **도움 표현 이해**

- help는 돕다 의미임
- 상대에게 도움을 제공할 때 사용함
- 서비스 상황에서 자주 사용되는 표현임

44 다음 중 "사무실"을 의미하는 것은 무엇인가?

① office

② library

③ market

④ station

◀ **장소 어휘 이해**

- library는 도서관 의미임
- office는 사무실 의미임
- station은 역 의미임

45 다음 문장의 의미로 가장 적절한 것은 무엇인가?

> Go straight.

① 뒤로 가세요　　　　② 앞으로 곧장 가세요

③ 왼쪽으로 가세요　　④ 오른쪽으로 가세요

🔖 **방향 표현 이해**
- go straight는 곧장 가다 의미임
- 길 안내 상황에서 사용하는 표현임
- 방향을 설명하는 문장임

46 다음 질문의 의미로 가장 적절한 것은 무엇인가?

> What time is it?

① 어디에 있습니까　　② 무엇을 먹습니까

③ 지금 몇 시입니까　　④ 누구를 만납니까

🔖 **시간 질문 표현**
- What time은 시간을 묻는 표현임
- 현재 시간을 질문하는 문장임
- 일상 대화에서 자주 사용됨

47 다음 문장에서 빈칸에 들어갈 말로 가장 적절한 것은?

> Please ______ the computer.

① jump　　　　　　② sleep

③ wash　　　　　　④ turn on

🔖 **기본 표현 이해**
- turn on은 켜다 의미임
- computer는 컴퓨터 의미임
- 컴퓨터를 켜라는 요청 상황임

✔ **42** ① **43** ③ **44** ① **45** ② **46** ③ **47** ④

48 다음 문장의 의미로 가장 적절한 것은 무엇인가?

> The bus stop is near the school.

① 버스 정류장은 학교 근처에 있다

② 버스 정류장은 학교 안에 있다

③ 버스 정류장은 학교 뒤에 있다

④ 버스 정류장은 학교 앞에 있다

위치 표현 이해
- bus stop은 버스 정류장 의미임
- near는 가까이 의미임
- 학교 근처 위치 설명 문장임

49 다음 문장의 의미로 가장 적절한 것은 무엇인가?

> Please wait here.

① 여기서 공부하세요 ② 여기서 기다리세요

③ 여기서 운동하세요 ④ 여기서 식사하세요

안내 표현 이해
- wait는 기다리다 의미임
- here는 여기 의미임
- 기다리라는 안내 표현임

50 다음 대화의 빈칸에 들어갈 말로 가장 적절한 것은?

> A: Hello.
> B: Hello. May I ______ to Ms. Lee?

① open ② run

③ speak ④ wash

전화 표현 이해
- speak to는 ~와 통화하다 의미임
- 전화 연결을 요청할 때 사용하는 표현임
- Ms. Lee와 통화를 요청하는 상황임

51 다음 표지판의 의미로 가장 적절한 것은 무엇인가?

> Exit

① 입구   ② 계단
③ 화장실   ④ 출구

표지판 의미 이해
- exit는 출구 의미임
- 건물 안내 표지판에 사용됨
- emergency exit는 비상 출구 의미임

52 다음 문장의 의미로 가장 적절한 것은 무엇인가?

> Please check your schedule.

① 일정표를 작성하세요   ② 일정표를 확인하세요
③ 일정표를 버리세요   ④ 일정표를 접으세요

학교 생활 표현
- check는 확인하다 의미임
- schedule은 일정 의미임
- 일정 확인 요청 상황임

53 다음 중 "병원"을 의미하는 것은 무엇인가?

① station   ② library
③ hospital   ④ market

장소 어휘 이해
- hospital은 병원 의미임
- station은 역 의미임
- library는 도서관 의미임
- market은 시장 의미임

48 ① 49 ② 50 ③ 51 ④ 52 ② 53 ③

54 **What means the same as Contract?**

① pull
② conduct
③ attraction
④ agreement

◢ **Contract의 의미**

- contract는 '계약, 약정'이라는 의미의 명사로 사용됨
- 두 사람 또는 두 조직이 서로 조건에 합의하여 맺는 약속을 의미함
- agreement 역시 '합의, 계약'이라는 뜻으로 contract와 같은 의미로 사용됨
- 따라서 contract와 같은 의미의 단어는 agreement

55 **Which is the odd one out?**

① aluminum
② carbon
③ iron
④ copper

◢ **금속 원소 비교**

- aluminum(알루미늄), iron(철), copper(구리)는 모두 금속 원소에 해당함
- 금속은 전기와 열의 전도성이 높고 금속 광택을 가지는 특징이 있음
- carbon(탄소)은 비금속 원소로 금속과 성질이 다름
- 따라서 금속이 아닌 carbon(탄소)이 다른 것과 성질이 다름

56 **학교 복도에 다음과 같은 안내문이 붙어 있다. 이 안내문의 목적으로 가장 적절한 것은 무엇인가?**

> "Please walk in the hallway."

① 복도에서 천천히 걸어 다니게 하려는 것이다
② 복도에서 대화를 하게 하려는 것이다
③ 복도에서 공부를 하게 하려는 것이다
④ 복도에서 모이게 하려는 것이다

◢ **안내문 의도 파악**

- walk는 걷다 의미임
- hallway는 학교 복도 의미임
- 복도에서는 뛰지 않고 걸어 다니도록 안내하는 규칙임

57 다음 문장의 의미로 가장 적절한 것은 무엇인가?

> Students must wear their ID cards at school.

① 학생들은 학교에서 신분증을 착용해야 한다
② 학생들은 학교에서 신분증을 만들 수 있다
③ 학생들은 학교에서 신분증을 빌릴 수 있다
④ 학생들은 학교에서 신분증을 판매한다

🔺 **의무 표현 이해**
- must는 반드시 ~해야 한다 의미임
- wear는 착용하다 의미임
- 학교 규칙을 설명하는 문장임

58 다음 안내문의 의미로 가장 적절한 것은 무엇인가?

> "Return the books by Friday."

① 책을 빌리라는 것이다
② 책을 읽으라는 것이다
③ 책을 금요일까지 반납하라는 것이다
④ 책을 금요일에 사라는 것이다

🔺 **안내문 이해**
- return은 반납하다 의미임
- by Friday는 금요일까지 의미임
- 도서관 이용 규칙을 안내하는 문장임

59 다음 상황에서 가장 적절한 말은 무엇인가?

> A student is late for class and meets the teacher.

① Thank you very much. ② I'm sorry I'm late.
③ See you tomorrow. ④ Good night.

🔺 **상황 적절 표현**
- 수업에 늦은 상황임
- 사과 표현이 필요함
- I'm sorry는 사과를 나타내는 표현임

60 다음 문장에서 알 수 있는 내용은 무엇인가?

The science club meeting is in Room 204.

① 과학 동아리는 운동장에서 모인다

② 과학 동아리는 교실 204호에서 모인다

③ 과학 동아리는 도서관에서 모인다

④ 과학 동아리는 식당에서 모인다

◀ 정보 파악
- meeting은 모임 의미임
- Room 204는 교실 번호 의미임
- 동아리 모임 장소를 설명하는 문장임

61 다음 문장의 의미로 가장 적절한 것은 무엇인가?

Please line up before entering the classroom.

① 교실에 들어가기 전에 줄을 서세요

② 교실에 들어가기 전에 뛰세요

③ 교실에 들어가기 전에 공부하세요

④ 교실에 들어가기 전에 쉬세요

◀ 규칙 표현 이해
- line up은 줄을 서다 의미임
- entering은 들어가는 것 의미임
- 질서를 유지하기 위한 안내 표현임

62 다음 대화 중 B가 책을 많이 들고 있는 이유로 가장 적절한 것은 무엇인가?

A: Why are you carrying so many books?
B: I have a big test tomorrow.

① 친구를 만나기 위해서이다　　② 시험 공부를 하기 위해서이다

③ 책을 팔기 위해서이다　　④ 책을 빌리기 위해서이다

◀ 상황 추론
- test는 시험 의미임
- 시험 전에는 공부 준비가 필요함
- 책을 많이 들고 있는 이유를 설명하는 대화임

63 다음 대화에서 B가 있는 장소로 가장 적절한 것은 무엇인가?

> A: Where are you now?
> B: I'm at the place where we borrow books.

① gym
② library
③ playground
④ cafeteria

🔖 **상황 추론**
- borrow books는 책을 빌리다 의미임
- 학교에서 책을 빌리는 장소는 도서관임
- library는 도서관 의미임

64 다음 대화의 빈칸에 들어갈 말로 가장 적절한 것은?

> Teacher: Please _______ your phones during the test.
> Students: Okay, teacher.

① turn off
② turn left
③ turn back
④ turn around

🔖 **표현 의미 이해**
- turn off는 전원을 끄다 의미임
- 시험 중에는 휴대전화 사용이 제한됨
- 시험 규칙을 설명하는 문장임

65 다음 대화에서 B가 설명한 장소로 가장 적절한 것은 무엇인가?

> A: Excuse me. Where is the nurse's office?
> B: Go straight and turn left. It's next to the science lab.

① 도시관 옆
② 과학실 옆
③ 체육관 옆
④ 교장실 옆

🔖 **정보 확인**
- next to는 ~옆 의미임
- science lab은 과학실 의미임
- 보건실 위치를 안내하는 대화임

✔ 60 ② 61 ① 62 ② 63 ② 64 ① 65 ②

66 다음 대화에서 B가 있는 장소로 가장 적절한 것은 무엇인가?

> A: Where are you now?
> B: I'm at the place where we borrow books.

① gym
② library
③ playground
④ cafeteria

◀ **상황 추론**
- borrow books는 책을 빌리다 의미임
- 학교에서 책을 빌리는 장소는 도서관임
- library는 도서관 의미임

67 다음 대화의 빈칸에 들어갈 말로 가장 적절한 것은?

> Teacher: Please ______ your phones during the test.
> Students: Okay, teacher.

① turn off
② turn left
③ turn back
④ turn around

◀ **표현 의미 이해**
- turn off는 전원을 끄다 의미임
- 시험 중에는 휴대전화 사용이 제한됨
- 시험 규칙을 설명하는 문장임

68 다음 대화에서 B가 설명한 장소로 가장 적절한 것은 무엇인가?

> A: Excuse me. Where is the nurse's office?
> B: Go straight and turn left. It's next to the science lab.

① 도서관 옆
② 과학실 옆
③ 체육관 옆
④ 교장실 옆

◀ **정보 확인**
- next to는 ~옆 의미임
- science lab은 과학실 의미임
- 보건실 위치를 안내하는 대화임

69 다음 대화에서 빈칸에 적절한 표현을 고르면?

> A: Excuse me, do you work here?
> B: ___________

① What is the work you do?

② You're working for me now.

③ Yes, what can I do for you?

④ Sure, it worked for me.

상황에 맞는 응답

- "Excuse me, do you work here?"는 상대방이 그곳에서 일하는지 확인하는 표현임
- 이 질문에 대한 자연스러운 응답은 일한다고 인정하며 도움을 제안하는 표현임
- "Yes, what can I do for you?"는 "네, 무엇을 도와드릴까요?"라는 의미로 상황에 가장 적절함

70 다음 상황을 읽고 가장 알맞은 질문을 고르시오.

> Teacher: This is our new 3D printer. It is faster than the old one and can make many different products. If you have any questions, please ask.
> Minjun: "I want to ask about the size of the 3D printer."

① How big is the 3D printer?

② How fast is the 3D printer?

③ How much is the 3D printer?

④ When will the class finish?

질문 내용 파악

- 학생은 3D 프린터의 크기를 물어보려고 함
- 크기를 묻는 영어 표현은 "How big"임

66 ② 67 ① 68 ② 69 ③ 70 ①

71 다음은 회사에서 일하는 두 사람이 나눈 대화이다. 이를 듣고 Alex가 Mina에게 부탁한 내용으로 가장 알맞은 것을 고르시오.

> Alex: Hey, Mina. How are you? Are you on a break?
> Mina: Yes, I am. How is your day?
> Alex: It's pretty good. I have a favor to ask you.
> Mina: Okay. What is it?
> Alex: I heard that tomorrow is your day off. If it's possible, could you cover for me tomorrow? I have to pick up my mother at the airport.
> Mina: Sure, no problem. I can help you.
> Alex: Thank you. I will cover one of your shifts next week.

① 공장에서 대신 물건을 옮겨 달라고 부탁하고 있다.

② 쉬는 시간에 함께 점심을 먹자고 말하고 있다.

③ 어머니를 공항에서 모시기 위해 내일 근무를 대신해 달라고 부탁하고 있다.

④ 다음 주에 휴가를 같이 가자고 제안하고 있다.

◀ 대화 내용 이해
- Alex는 내일 어머니를 공항에서 모셔 와야 한다고 말함
- 그래서 자신의 근무를 대신해 달라고 부탁함
- Mina는 이를 도와주겠다고 대답함
- Alex의 부탁 내용은 내일 근무를 대신해 달라는 것

72 어느 공원을 방문한 민수가 다음 표지판을 보고 이해한 내용으로 가장 적절한 것은?

> [표지판]
> Under Construction
> Do not enter
> Road closed

① 쓰레기를 매립하는 곳이구나.

② 공사 현장이니 들어갈 수 없구나.

③ 고압 전류가 흐르니 위험하겠구나.

④ 유해 폐기물을 보관해 놓는 곳이구나.

◀ 표지판 의미 파악
- "Under Construction"은 공사 중이라는 의미임
- "Do not enter"는 출입 금지를 의미함
- "Road closed"는 길이 막혀 있음을 의미함

73 어느 항공고등학교 드론 실습 수업에서 학생들이 다음 안내문을 확인하였다. 이 안내문을 읽고 지훈 학생이 이해한 내용으로 가장 적절한 것은?

> [안내문]
> ATTENTION!
> The use of drones is not allowed in the following areas:
> Around airports
> Above 150m
> Above crowded areas
> Above event sites

① 이벤트 장소에서는 드론 조종이 가능하구나.

② 드론은 지상 150m 이하에서만 조종이 가능하구나.

③ 공항 근처에서는 드론을 조종하면 안 되는구나.

④ 혼잡한 지역에서는 드론을 조종해도 되는구나.

🔖 **안내문 내용 이해**
- 안내문에는 드론 사용이 허용되지 않는 장소가 제시됨
- 공항 주변, 150m 이상, 사람이 많은 지역, 행사 장소에서 드론 사용이 금지됨
- 따라서 공항 근처에서는 드론을 조종하면 안 된다는 내용이 맞음

74 한 마이스터고등학교 학생이 학교 시설 이용 안내문을 읽고 이해한 내용으로 가장 적절한 것은?

> [안내문]
> NOTICE
> The main purpose of this library is to share knowledge and provide services for the public.
> If you want to check out a book, you need a library card.
> Rare books can only be viewed within the library.
> Copying and scanning services are not provided.
> Food and beverages are not allowed.

① 개인적인 공부를 주목적으로 하는 공간이구나.

② 음료를 비롯한 모든 음식의 반입이 금지되는구나.

③ 이용자 편의를 위해 복사와 스캔 서비스를 제공하는구나.

④ 도서 분실을 방지하기 위해 일반도서 대출을 제한하는구나.

✔ 71 ③ 72 ② 73 ③ 74 ②

◀ **안내문 내용 이해**

- 안내문에는 음식과 음료의 반입이 허용되지 않는다고 제시됨
- 복사와 스캔 서비스는 제공되지 않는다고 안내됨
- 희귀 도서는 해당 장소 안에서만 열람 가능함

75 다음은 마이스터고 조리 실습실에서 실습을 준비하는 두 학생의 대화이다. 대화를 보고 민수가 지훈에게 건네줄 물건으로 가장 알맞은 것을 고르시오.

> Jihoon: Minsoo, could you pass me the bread knife? I need it to cut the bread for our cooking practice.
> Minsoo: Sure. Be careful. It's sharp.

① 도마   ② 빵 칼

③ 프라이팬   ④ 접시

◀ **대화 내용 이해**

- Jihoon은 빵을 자르기 위해 bread knife를 건네 달라고 요청함
- bread knife는 빵을 자르는 칼을 의미함
- Minsoo는 그것을 건네주며 날카로우니 조심하라고 말함

76 다음은 마이스터고 학교 매점에서 근무하는 학생과 외국인 방문객의 대화이다. 대화를 보고 민수가 방문객에게 제공해야 할 물건으로 가장 알맞은 것을 고르시오.

> Visitor: Excuse me. Do you have any painkillers?
> Minsoo: Sure. One second. Here you are.

① 감기약   ② 밴드

③ 진통제   ④ 소화제

◀ **대화 내용 이해**

- 방문객은 painkillers가 있는지 물어봄
- painkillers는 통증을 줄이기 위한 약을 의미함
- Minsoo는 잠시 기다리라고 한 뒤 약을 건네주겠다고 말함

77 다음은 마이스터고 기숙사 관리실에서 근무하는 학생과 외국인 교환학생의 전화 대화이다. 대화를 듣고 지훈이 Alex에게 모닝콜을 해 주어야 할 시간을 고르시오.

> Jihoon: Hello. This is the dormitory office. May I help you?
> Alex: Hello. Can I have a wake-up call at six forty?
> Jihoon: Sure. Anything else?
> Alex: That's all. Thank you.

① 6:15 ② 6:40
③ 6:50 ④ 6:55

대화 내용 이해
- Alex는 wake-up call을 요청함
- 요청한 시간은 six forty임
- six forty는 6시 40분을 의미함

78 지훈은 마이스터고 호텔조리과 실습 레스토랑에서 근무하고 있다. 한 외국인 손님이 자리에 앉자 지훈은 주문을 받기 위해 손님에게 말을 걸려고 한다. 이때 손님에게 처음으로 건넬 말로 가장 적절한 것은 무엇인가?

① Can I see the menu?

② May I take your order?

③ Can you bring me the bill?

④ How would you like your steak?

주문 받기 표현
- 레스토랑 직원이 주문을 받을 때 사용하는 기본 표현은 "May I take your order?"임
- ①은 손님이 메뉴판을 요청할 때 사용하는 표현임
- ③은 계산서를 가져다 달라고 할 때 사용하는 표현임
- ④는 주문 후 음식의 조리 정도를 묻는 상황에서 사용되는 표현임

79 민재는 마이스터고 IT소프드웨어과 프로젝트 실습 시간에 새로 온 외국인 교환학생을 도와 점심식사를 함께 하도록 안내해 주었다. 식사를 마친 후 외국인 학생이 "Thank you for helping me."라고 감사 인사를 했다. 이때 민재의 응답으로 가장 적절한 것은 무엇인가?

① I don't care. ② It doesn't matter.
③ Don't mention it. ④ It's not your fault.

75 ② 76 ③ 77 ② 78 ② 79 ③

🔹 **감사 인사에 대한 응답**

- "Don't mention it."은 감사 인사에 대해 "천만에요", "별말씀을요"의 의미로 사용되는 표현임
- ① I don't care는 관심 없다는 의미의 표현임
- ② It doesn't matter는 중요하지 않다는 의미로 감사 응답 상황과 맞지 않음
- ④ It's not your fault는 상대의 잘못이 아니라는 의미의 표현임

80 마이스터고 항공서비스과 학생 지훈은 학교에서 열리는 해외 산업체 설명회 행사에 참여하기 위해 강당 건물로 이동하였다. 담당 교사와 전화로 만나기로 한 장소를 설명하려고 한다. 지훈은 건물 입구에서 "Arrivals"라고 적힌 안내 표지판 옆에 서 있다. 이때 지훈이 자신의 위치를 설명하는 말로 가장 적절한 것은 무엇인가?

① I'm at the duty-free shop.

② I'm at the arrivals area.

③ I'm at the departure gate.

④ I'm at the taxi stand.

🔹 **표지판 의미 이해**

- Arrivals는 도착하는 사람들이 모이는 구역을 의미함
- 행사장이나 건물에서는 방문자가 도착하는 장소를 나타낼 때 사용됨
- departure gate는 출발 탑승구를 의미하는 공항 표현임
- 따라서 "I'm at the arrivals area."가 가장 적절함

81 마이스터고 학생 서준은 친구 민호와 함께 시내 공원을 산책하고 있었다. 잠시 벤치에 앉아 쉬던 중, 서준은 근처에 붙어 있는 안내 표지판을 보고 민호에게 다음과 같이 말했다. 이 대화를 통해 민호가 이해해야 할 내용으로 가장 적절한 것은 무엇인가?

> 서준: "Hey, Minho. Look at that sign over there."
> 민호: "What does it say?"
> 서준: "It says 'Keep Off the Grass.'"

① I should not walk on the grass.

② I should water the grass.

③ I should sit on the grass.

④ I should play soccer on the grass.

표지판 의미 이해

- Keep off the grass는 잔디 위에 올라가거나 밟지 말라는 의미의 안내 표현임
- 공원이나 학교 운동장 주변 잔디 보호를 위해 자주 사용되는 표지판임
- 사람들의 출입을 제한하여 잔디를 보호하려는 목적의 안내임

82 다음 대화에서 빈칸에 적절한 표현을 고르면?

> A: How would you like coffee?
> B: ___________

① With cream and sugar.

② Mine is from Columbia.

③ It's cold.

④ I don't like sweets.

질문 의도 파악

- "How would you like coffee?"는 커피를 어떤 방식으로 마실지 묻는 표현임
- 보통 설탕, 크림 등의 첨가 여부를 묻는 상황에서 사용됨
- "With cream and sugar."는 커피에 크림과 설탕을 넣어 달라는 의미로 질문에 적절한 응답임

01　NCS형 문제해결능력

01　**영양교사가 다음 상황에서 학생들에게 제공할 급식 메뉴로 가장 적절한 것은?**

> 학교 관계자: 저희가 지출할 수 있는 최대 예산은 1인당 7천 원 정도입니다. 저희 입장에서는 가능한 한 저렴한 가격대를 선호하지만 학생들의 입맛이나 취향이 다양하기 때문에 가격만 고려할 수는 없습니다. 지난 학교 행사 때 보니 학생들 중에는 더운 날씨 때문에 가볍게 먹을 수 있는 음식을 찾는 경우도 많았고, 건강을 고려하여 기름진 음식보다는 비교적 부담이 적은 메뉴를 선호하는 학생들도 있었습니다. 그렇다고 한 가지 종류의 음식만 준비할 수도 없으니 이런 점을 고려해 메뉴를 추천해 주셨으면 합니다.

① 한식 정식 도시락　　　　　　② 샐러드 도시락

③ 야외 활동 도시락　　　　　　④ 생선 초밥 도시락

◢ **상황 판단**

- 문제의 조건에서 1인당 예산이 7천 원으로 제시되어 일반적인 학교 급식 메뉴 구성이 가능함
- 학생들의 다양한 취향을 고려해야 하므로 여러 반찬으로 구성된 메뉴가 적절함
- 기름지지 않고 비교적 균형 잡힌 식사가 가능한 구성이 필요함
- 한식 정식 도시락은 다양한 반찬으로 구성되어 학생들의 선호를 폭넓게 반영할 수 있음

02 ○○중학교 학생회 신입 임원 김민준 학생이 다음 상황에서 해야 할 활동의 순서를 정리한 것으로 가장 적절한 것은?

> 교사: 민준 학생, 오늘 학생회 협의회 있는 거 알고 있죠?
> 김민준: 네, 선생님. 10월 20일 오후 5시 30분 모임 말씀하시는 거죠?
> 교사: 맞아요. 회의는 602호 교실에서 하게 될 거니까 차질 없이 준비해 주세요. 그리고 내일 오전까지 학생회 회의실 예약하고 그 결과를 메시지로 알려 주세요. 그럼 수고하세요.
> 김민준: 네, 알겠습니다.

> [10월 20일 일정]
> ○ 김민준
> • 동아리 프로젝트 팀원과 모임(오전 10:00)
> • 학교 컴퓨터 점검(오후 12:30~12:50)
> • 행사 준비 목록 점검(오후 4:00~4:30) with 박지훈 학생

① 회의실 준비 → 학생회 회의실 예약 → 팀원과 모임 → 행사 준비 목록 점검 → 컴퓨터 점검

② 회의실 준비 → 팀원과 모임 → 행사 준비 목록 점검 → 컴퓨터 점검 → 학생회 회의실 예약

③ 팀원과 모임 → 컴퓨터 점검 → 회의실 준비 → 안내문 작성 → 학생회 회의실 예약

④ 팀원과 모임 → 컴퓨터 점검 → 행사 준비 목록 점검 → 회의실 준비 → 학생회 회의실 예약

활동 순서 판단
- 오전 10시에 동아리 프로젝트 팀원과 모임 일정이 있음
- 오후 12시 30분부터 12시 50분까지 컴퓨터 점검 일정이 있음
- 오후 4시부터 4시 30분까지 행사 준비 목록 점검 일정이 있음
- 학생회 협의회는 오후 5시 30분이므로 그 전에 회의실 준비가 필요함
- 회의실 예약은 다음 날 오전까지 하면 되므로 마지막에 진행하는 것이 적절함

01 ① 02 ④

02　NCS형 자원관리능력

03　○○중학교 학생 A는 학생회 활동을 하고 있다. 학생회 담당 교사는 학생들에게 시간을 낭비하지 말고 시간 관리를 잘하라고 조언하였다. 이러한 조언을 듣고 학생 A는 학교생활을 하면서 시간 낭비를 줄이려고 노력하고 있다. 다음 중 시간을 낭비하는 경우라고 보기에 가장 적절하지 않은 것은?

① A는 컴퓨터에 저장된 과제 파일을 찾는 데 시간이 오래 걸린다.

② B는 친구들과 이야기할 때 같은 내용을 여러 번 반복한다.

③ C는 휴대전화로 친구들과 메시지를 주고받는 데 많은 시간을 사용한다.

④ D는 학교 행사 준비에 필요한 연락을 다른 학생들보다 많이 한다.

⑤ E는 어떤 과제를 시작하기 전에 고민하는 데 시간이 오래 걸린다.

◆ **시간 관리**
- 과제 파일을 정리하지 않아 찾는 데 시간이 오래 걸리는 것은 비효율적인 시간 사용임
- 같은 이야기를 반복하는 것도 시간을 낭비하는 행동이 될 수 있음
- 휴대전화 메시지를 지나치게 많이 하는 것도 시간 낭비에 해당할 수 있음
- 과제를 시작하기 전에 지나치게 오래 고민하는 것도 비효율적인 시간 사용임
- 학교 행사 준비를 위한 연락은 필요한 활동이므로 시간 낭비라고 보기 어려움

01 물리

01 **다음 중 힘을 나타내는 데 필요한 힘의 3요소가 모두 표현된 것은?**

① 15 N의 힘으로 물체를 끌었다.

② 10 N의 힘을 나무토막에 주었다.

③ 물체를 밀어 왼쪽으로 이동시켰다.

④ 5 N의 힘으로 물체의 손잡이를 잡고 위로 들어올렸다.

힘의 3요소

- 힘을 정확하게 표현하려면 힘의 크기, 작용점, 방향의 세 요소가 모두 제시되어야 함
- ①②는 힘의 크기만 제시되고 방향과 작용점이 명확하지 않음
- ③은 힘의 방향은 나타나지만 힘의 크기가 제시되지 않음
- ④는 5 N(힘의 크기), 손잡이(작용점), 위로(힘의 방향)가 모두 제시된 표현임

02 **다음 중 중력을 가장 잘 이용하는 스포츠는?**

① 번지점프   ② 장대높이뛰기

③ 활쏘기   ④ 조정경기

중력의 작용

- 중력은 지구가 물체를 지구 중심 방향으로 끌어당기는 힘임
- 번지점프는 높은 곳에서 아래로 떨어지며 중력에 의해 내려오는 운동을 이용한 스포츠임
- 장대높이뛰기는 장대의 탄성력을 이용하는 운동임
- 활쏘기는 활의 탄성력으로 화살을 발사하는 운동임
- 조정경기는 물과 노 사이의 힘의 상호작용을 이용하는 스포츠임

03 **다음 중 무게와 질량에 대한 설명으로 옳지 않은 것은?**

① 단위체 물체의 무게는 질량에 비례한다.

② 지구가 물체를 끌어당기는 힘의 크기를 질량이라고 한다.

③ 질량은 장소에 관계없이 일정하지만 무게는 장소에 따라 변한다.

④ 질량의 단위로는 kg을 사용하고, 무게의 단위로는 N을 사용한다.

✔ 03 ④ / 01 ④ 02 ① 03 ②

질량과 무게
- 질량은 물체가 가지고 있는 물질의 양으로 장소에 관계없이 일정함
- 무게는 지구가 물체를 끌어당기는 힘으로 중력에 의해 나타남
- 질량의 단위는 kg, 무게(힘)의 단위는 N을 사용함
- 질량은 양팔저울이나 윗접시저울로 측정하고 무게는 용수철저울로 측정함
- 따라서 지구가 물체를 끌어당기는 힘을 질량이라고 한 ②는 틀린 설명임

04 다음 중 마찰력에 대한 설명으로 옳은 것은?

① 마찰력의 방향은 운동 방향과 같다.

② 접촉면이 좁을수록 마찰력이 감소한다.

③ 두 물체가 떨어져 있을 때도 작용한다.

④ 접촉면을 누르는 힘이 클수록 마찰력이 크다.

마찰력의 성질
- 마찰력은 두 물체가 접촉하여 서로 미끄러지거나 움직이려 할 때 발생하는 힘임
- 마찰력의 방향은 물체의 운동 방향 또는 운동하려는 방향과 반대임
- 두 물체가 접촉하고 있을 때에만 마찰력이 작용함
- 마찰력은 물체의 무게와 접촉면을 누르는 힘이 클수록 커지는 성질이 있음
- 접촉면을 누르는 힘이 클수록 마찰력이 크다는 ④가 옳은 설명임

05 속력이 일정하게 증가하는 운동을 다음에서 있는 대로 고른 것은?

> ㄱ. 나무에서 떨어지는 사과
> ㄴ. 빗면을 굴러 내려가는 구슬
> ㄷ. 움직이는 자동차 위에 서 있는 사람
> ㄹ. 움직이는 컨베이어 벨트 위에 있는 물건

① ㄱ, ㄴ 　　　　　　② ㄱ, ㄷ

③ ㄴ, ㄷ 　　　　　　④ ㄴ, ㄹ

속력이 일정하게 증가하는 운동
- 속력이 일정하게 증가하는 운동은 일정한 힘을 받아 가속되는 운동임
- 나무에서 떨어지는 사과는 중력에 의해 아래 방향으로 계속 가속되어 속력이 증가함
- 빗면을 굴러 내려가는 구슬도 중력의 영향으로 속력이 점점 증가함
- 움직이는 자동차 위에 서 있는 사람은 자동차와 함께 일정한 속도로 이동함
- 컨베이어 벨트 위의 물건도 벨트와 같은 일정한 속도로 이동함

06 다음 글에서 공통적으로 볼 수 있는 물체의 성질은 무엇인가?

> • 자동차가 급정거하면 몸이 앞으로 쏠린다.
> • 달리던 버스가 갑자기 출발하면 몸이 뒤로 젖혀진다.
> • 100 m 달리기를 할 때 결승점에서 바로 서기 어렵다.
> • 멈춰 있던 버스가 갑자기 출발하면 몸이 뒤로 젖혀진다.

① 관성   ② 탄성

③ 마찰   ④ 중력

◢ **관성**
- 관성은 물체가 현재의 운동 상태를 그대로 유지하려는 성질임
- 정지한 물체는 계속 정지하려 하고 운동하는 물체는 계속 운동하려는 성질이 있음
- 자동차가 급정거할 때 몸이 앞으로 쏠리는 현상은 운동 상태를 유지하려는 관성 때문임
- 버스가 갑자기 출발할 때 몸이 뒤로 젖혀지는 것도 관성에 의한 현상임

07 다음 중 중력에 대한 설명으로 옳지 않은 것은?

① 달의 중력은 지구의 1/6배이다.

② 모든 천체에는 중력이 작용하고 있다.

③ 중력의 크기는 물체의 질량에 비례한다.

④ 지구 표면에서 높이 올라갈수록 중력이 점점 커진다.

◢ **중력의 성질**
- 중력은 지구가 물체를 지구 중심 방향으로 끌어당기는 힘임
- 중력의 크기는 물체의 질량에 비례함
- 지구 중심에서 멀어질수록 중력의 크기는 작아지는 성질이 있음
- 달의 중력은 지구 중력의 약 1/6 정도임
- 따라서 높이 올라갈수록 중력이 커진다는 ④는 옳지 않은 설명임

08 다음 중 속력이 가장 빠른 경우는?

① 8 m/s로 이동하는 보트

② 초속 12 m로 날아가는 야구공

③ 1 km를 5분에 이동하는 수레

④ 0.5 km를 1분에 달리는 자전거

◀ **속력 비교**

- 속력의 단위는 m/s로 통일하여 비교함
- ① 보트의 속력은 8 m/s임
- ② 야구공의 속력은 초속 12 m이므로 12 m/s임
- ③ 1 km를 5분에 이동하면 1000 m ÷ 300 s ≈ 3.3 m/s임
- ④ 0.5 km를 1분에 이동하면 500 m ÷ 60 s ≈ 8.3 m/s임

09 **다음 중 힘이 평형을 이루는 경우가 아닌 것은?**

① 탁자 위에 꽃병이 놓여 있다.

② 벽시계의 추가 좌우로 흔들린다.

③ 줄다리기에서 줄이 정지해 있다.

④ 용수철저울에 추가 매달려 있다.

◀ **힘의 평형**

- 힘이 평형을 이루면 합력이 0이 되어 물체의 운동 상태가 변하지 않음
- 정지해 있던 물체는 계속 정지 상태를 유지함
- 줄다리기에서 줄이 움직이지 않는 경우는 양쪽 힘이 같아 평형 상태임
- 용수철저울에 매달린 추도 중력과 탄성력이 같아 평형 상태임
- 벽시계의 추가 좌우로 움직이는 경우는 속력과 방향이 계속 변하는 운동이므로 평형이 아님

10 **다음 중 운동 방향과 속력이 모두 변하는 운동이 아닌 것은?**

① 롤러코스터의 운동

② 엘리베이터의 상승 운동

③ 진동하는 시계추의 운동

④ 비스듬히 던진 축구공의 운동

◀ **운동의 변화**

- 운동 방향과 속력이 모두 변하는 운동은 방향과 빠르기가 함께 변하는 운동임
- 롤러코스터는 이동하면서 방향과 속력이 모두 변함
- 시계추의 운동은 왕복 운동으로 방향과 속력이 계속 변함
- 비스듬히 던진 공은 포물선 운동으로 방향과 속력이 모두 변함
- 엘리베이터가 상승하는 경우 속력은 변할 수 있지만 운동 방향은 일정함
- 따라서 운동 방향과 속력이 모두 변하지 않는 것은 ②임

11 에너지에 대한 설명으로 옳은 것을 다음에서 있는 대로 고른 것은?

> ㄱ. 일과 에너지는 서로 전환된다.
> ㄴ. 일과 같은 물리량이며, 단위는 J을 사용한다.
> ㄷ. 물체가 일을 하면 물체의 에너지는 감소하고, 물체에 일을 해 주면 물체의 에너지는 증가한다.

① ㄱ
② ㄱ, ㄴ
③ ㄴ, ㄷ
④ ㄱ, ㄴ, ㄷ

🔹 **에너지의 특징**
- 에너지는 일을 할 수 있는 능력임
- 일과 에너지는 서로 전환될 수 있음
- 일과 에너지는 같은 단위인 J(줄)을 사용함
- 물체가 일을 하면 에너지가 감소하고 일을 받으면 에너지가 증가함

12 그림은 플라스틱 빗을 헝겊으로 문지른 후 작은 종잇조각에 가까이했을 때의 모습을 나타낸 것이다. 이 현상에 대한 설명으로 옳은 것만을 다음에서 있는 대로 고른 것은?

> ㄱ. 전기력 때문에 일어나는 현상이다.
> ㄴ. 빗과 종잇조각은 같은 종류의 전기를 띤다.
> ㄷ. 빗과 붙어있는 종잇조각 사이에는 인력이 작용한다.

① ㄱ, ㄷ
② ㄱ
③ ㄴ
④ ㄷ

🔹 **정전기 현상**
- 플라스틱 빗을 헝겊으로 문지르면 정전기가 발생함
- 빗을 종잇조각에 가까이하면 전기력에 의해 종잇조각이 끌려옴
- 빗과 종잇조각은 서로 다른 종류의 전기를 띠어 서로 끌어당김
- 따라서 빗과 종잇조각 사이에는 인력이 작용함

13 다음 중 전기력과 자기력에 대한 설명으로 옳지 않은 것은?

① 인력과 척력이 있다.

② 두 물체가 떨어져 있어도 작용한다.

③ 자기력의 경우 서로 같은 극끼리 밀어낸다.

④ 두 물체 사이의 거리가 멀수록 강하게 작용한다.

✓ 09 ② 10 ② 11 ④ 12 ① 13 ④

M·E·M·O

◀ **전기력과 자기력**

- 전기력과 자기력은 물체 사이에서 인력과 척력이 나타날 수 있음
- 두 물체가 직접 접촉하지 않아도 떨어진 상태에서 작용하는 힘임
- 자기력에서는 같은 극끼리는 서로 밀어내고 다른 극끼리는 서로 끌어당김
- 전기력과 자기력의 크기는 두 물체 사이의 거리가 가까울수록 커짐
- 따라서 거리가 멀수록 강하게 작용한다는 ④는 옳지 않은 설명임

14 마찰 전기에 의한 현상이 아닌 것은?

① 겨울철 털옷을 벗을 때 머리카락이 달라붙는다.

② 자석 근처에 못을 두면 못이 자석에 달라붙는다.

③ 털가죽으로 문지른 두 개의 고무풍선이 서로 밀어 낸다.

④ 건조한 겨울철 머리를 빗을 때 머리카락이 빗에 달라붙는다.

⑤ 책이나 사탕을 포장한 얇은 비닐을 벗기면 비닐이 손에 달라붙는다.

◀ **마찰 전기 현상 구분**

- 마찰 전기는 물체를 문지를 때 전하가 이동하여 정전기가 발생하는 현상임
- 털옷·풍선·빗·비닐이 서로 달라붙거나 밀어내는 현상은 정전기에 의한 것임
- ②는 자석이 철을 끌어당기는 현상으로 자기력에 의한 현상임

15 전류계를 회로에 옳게 연결한 것은?

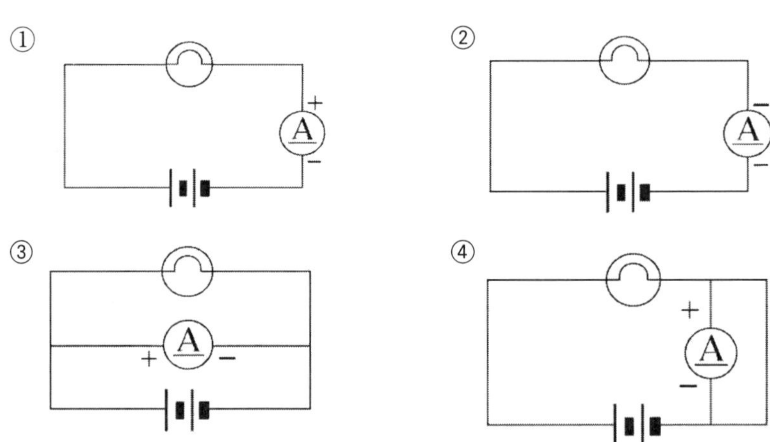

◀ **전류계 연결 방법**

- 전류계는 전류의 세기를 측정하는 기구로 회로에 직렬로 연결해야 함
- 전류계의 (+)단자는 전지의 (+)극 쪽에 연결하고, (−)단자는 전지의 (−)극 쪽에 연결해야 함
- ①은 전류계가 회로에 직렬로 연결되어 있고 (+)단자가 전지의 (+)극 방향과 연결되어 있음

16 그림과 같이 꼬마전구 2개를 병렬 연결하였다. (나), (다)에서 측정되는 전류의 세기는 각각 3 A, 2 A이었다. 이때 (가)를 10초 동안 통과한 전하량은 몇 C인가?

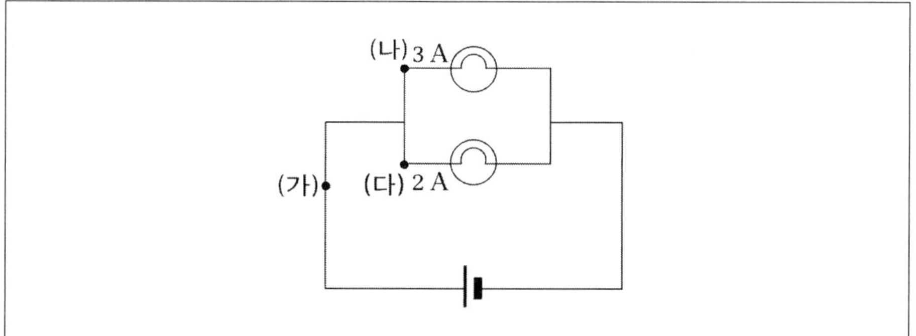

① 2 C 　　　　② 5 C

③ 10 C 　　　　④ 50 C

🔺 **전하량 계산**

- 병렬 회로에서는 갈라진 전류의 합이 전체 전류가 됨
- (나)에서 3 A, (다)에서 2 A이므로 (가)를 지나는 전체 전류는 5 A임
- 전하량 Q는 전류 I와 시간 t의 곱으로 구함
- $Q = I \times t$이므로 5 A × 10 s = 50 C임

17 전압에 대한 설명으로 옳은 것은?

① 전압은 전류를 흐르게 하는 능력이다.

② 전압의 단위로 A 또는 mA를 사용한다.

③ 여러 개의 전지를 직렬로 연결하면 수명이 길어진다.

④ 여러 개의 선지를 병렬로 연결하면 더 높은 전압을 얻을 수 있다.

🔺 **전압의 의미**

- 전압은 전류가 흐르도록 하는 전기적 작용 또는 능력임
- 전압의 단위는 V(볼트)이며 A, mA는 전류의 단위임
- 선지를 직렬로 연결하면 전압이 커지고 병렬로 연결하면 전압은 그대로임
- 따라서 전압의 올바른 설명은 전류를 흐르게 하는 능력이라는 ①임

✔ 14② 15① 16④ 17①

18 그림과 같은 전기 회로의 스위치를 닫았더니 전류계는 0.5 A, 전압계는 1.5 V를 가리켰다. 전구의 저항은 몇 Ω인가?

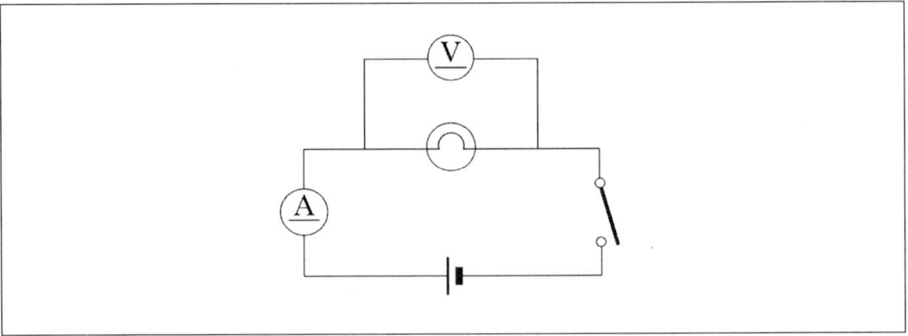

① 1 Ω

② 2 Ω

③ 3 Ω

④ 4 Ω

◀ **옴의 법칙**

- 전압 V, 전류 I, 저항 R 사이에는 V = I × R의 관계가 성립함
- 전압계가 1.5 V, 전류계 0.5 A를 나타냄
- 식에 대입하면 1.5 = 0.5 × R임
- R = 1.5 ÷ 0.5 = 3 Ω임

19 달에 의해 태양빛이 가려지는 일식은 빛의 어떤 성질 때문에 나타나는 것인가?

① 직진

② 반사

③ 굴절

④ 합성

◀ **빛의 직진**

- 빛은 곧은 방향으로 나아가는 직진 성질을 가짐
- 태양빛이 직선으로 진행하다가 달에 의해 가려지면 그림자가 생김
- 이때 달의 그림자가 지구에 도달하면서 일식 현상이 나타남
- 따라서 일식은 빛이 직진하는 성질 때문에 나타나는 현상이므로 정답은 ①임

20 빛의 성질에 대한 설명으로 옳지 않은 것은?

① 빨간색, 초록색, 파란색이다.

② 세 빛을 모두 합하면 백색광이 된다.

③ 세 빛은 전달되면서 서로 색이 섞일 수 있다.

④ 공기 중에서 빛의 합성을 통해 무지개가 만들어진다.

⑤ TV, 컴퓨터의 모니터는 빛의 합성을 이용한 제품이다.

🔹 **빛의 합성과 분산**

- 빨강, 초록, 파랑의 세 가지 빛은 빛의 삼원색임
- 이 세 빛을 합하면 백색광이 되며 다양한 색을 만들 수 있음
- TV나 컴퓨터 모니터는 빛의 합성 원리를 이용하여 색을 표현함
- 무지개는 공기 중 물방울에서 빛이 분산되어 나타나는 현상이므로 정답은 ④임

21 다음 중 빛의 반사 현상을 주로 이용하는 것으로 옳은 것은?

ㄱ. 자동차의 백미러	ㄴ. 쌍안경	ㄷ. 사진기
ㄹ. 돋보기	ㅁ. 만화경	ㅂ. 현미경

① ㄱ, ㄴ 　　　　　　② ㄱ, ㅁ

③ ㄴ, ㄷ 　　　　　　④ ㄹ, ㅂ

🔹 **빛의 반사 이용**

- 자동차의 백미러는 거울에 빛이 반사되는 성질을 이용함
- 만화경은 여러 거울에서 반복적으로 반사되는 빛을 이용해 무늬를 만듦
- 쌍안경, 사진기, 돋보기, 현미경 등은 렌즈를 이용하여 빛의 굴절을 주로 이용함
- 따라서 빛의 반사를 주로 이용하는 것은 ㄱ, ㅁ임

22 다음 중 파동의 반사를 이용하는 장치가 아닌 것은?

① 기상 레이더 　　　　　② 방파제 구조물

③ 속도 측정기 　　　　　④ 어군 탐지기

⑤ 후방 감지기

🔹 **파동의 반사 이용**

- 기상 레이더는 전자기파를 보내고 반사되어 돌아오는 신호를 이용하여 강수 상태를 관측함
- **속도 측정기와 후방 감지기**는 전파나 초음파의 반사를 이용하여 물체의 위치나 속도를 측정함
- 어군 탐지기는 음파를 보내고 물고기에서 반사되어 돌아오는 파동을 이용해 어군의 위치를 탐지함
- 방파제 구조물은 파동의 반사를 이용하는 장치가 아니라 파도의 에너지를 줄이거나 막기 위한 구조물임

23 **초음파의 이용과 관련 있는 것은 다음에서 있는 대로 고른 것은?**

> ㄱ. 소프라노가 아주 높은 음을 낸다.
> ㄴ. 난로를 쬐면 따뜻함을 느낀다.
> ㄷ. 병원에서 심장 박동을 진단한다.
> ㄹ. 물속에 담긴 물체의 이물질을 제거한다.

① ㄱ, ㄴ　　　　　　② ㄷ, ㄹ

③ ㄱ, ㄴ, ㄷ　　　　④ ㄴ, ㄷ, ㄹ

◀ **초음파의 이용**

- 초음파는 사람이 들을 수 없는 높은 진동수의 소리임
- 병원에서 태아의 모습이나 심장 박동 등을 검사할 때 초음파가 이용됨
- 물속에 담긴 물체의 이물질을 제거하는 초음파 세척에도 활용됨
- 소프라노의 높은 음은 사람이 들을 수 있는 소리이며 난로의 따뜻함은 열에 의한 것임

24 **다음 중 물체의 색과 빛의 합성에 대한 설명으로 옳은 것은?**

① 노란색 유리는 노란색 빛만 반사한다.

② 모든 색의 빛을 흡수하면 물체는 빨간색으로 보인다.

③ 초록색 조명 아래서 노란색 바나나는 초록색으로 보인다.

④ 빨간색 사과는 파란색 조명 아래에서도 붉게 보인다.

⑤ 무대 조명 감독은 청록색 조명을 만들기 위해 파란색과 파란색 조명을 설치했다.

◀ **물체의 색과 빛의 합성**

- 바나나는 노란색과 초록색을 반사하므로 초록색 조명 아래에서는 초록색으로 보임
- 노란색 유리는 노란색 빛을 반사하는 것이 아니라 노란색 빛을 통과시킴
- 모든 색의 빛을 흡수하면 물체는 검은색으로 보임
- 빨간색 사과는 파란색 빛을 흡수하므로 파란색 조명 아래에서는 붉게 보이지 않음
- 청록색 빛은 파란색과 초록색 빛을 합성하여 만듦

25 그림은 플라스틱 손잡이가 달린 냄비 속의 물을 가열하고 있는 모습을 나타낸 것이다. 이와 같은 열의 이동과 관련한 설명으로 옳지 않은 것은?

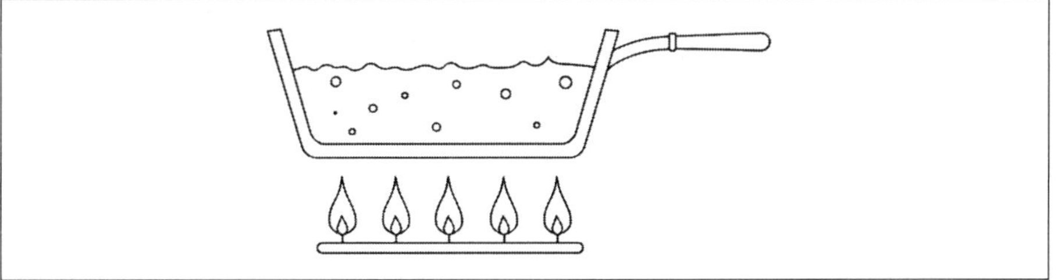

① 열은 불에 의해 냄비 속의 물까지 전달된다.

② 냄비 속의 물은 대류에 의해 골고루 가열된다.

③ 냄비는 열의 전도가 잘 일어나는 물질로 만든다.

④ 플라스틱 손잡이를 사용하는 이유는 열전도가 느리기 때문이다.

◀ 열의 이동
- 냄비 아래쪽이 불에 의해 가열되면 물 속에서는 대류에 의해 열이 이동함
- 냄비 속의 물은 대류 작용으로 위아래로 순환하면서 골고루 가열됨
- 냄비는 열의 전도가 잘 일어나는 금속 재질로 만드는 경우가 많음
- 냄비 손잡이는 열이 잘 전달되지 않도록 플라스틱 등의 재질을 사용함
- 따라서 열이 불에 의해 냄비 속의 물까지 직접 전달된다는 ①은 옳지 않음

26 그림과 같이 창문에 이중 유리를 사용하면 단열에 효과적이다. 이와 같은 원리로 설명할 수 있는 현상은?

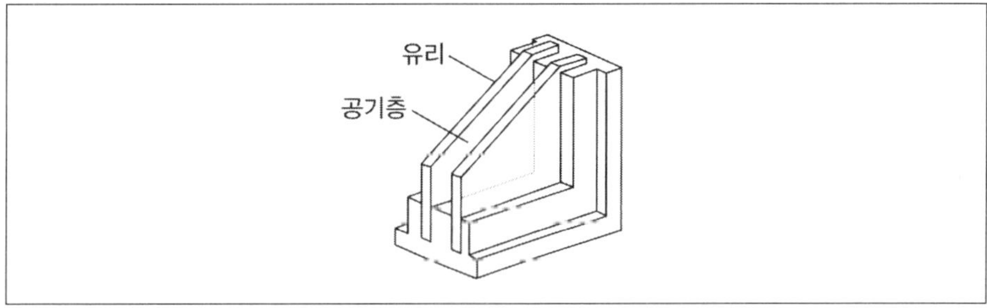

① 실내의 공기는 위쪽이 더 따뜻하다.

② 따뜻한 곳에서 온도계의 눈금이 올라간다.

③ 겨울에는 흰색보다 검은색 옷이 더 따뜻하다.

④ 얇은 옷 여러 벌이 두꺼운 옷 한 벌보다 더 따뜻하다.

✔ 23 ② 24 ③ 25 ① 26 ④

◀ **단열의 원리**

- 이중 유리창은 두 유리 사이의 공기층이 열의 이동을 막아 단열 효과를 나타냄
- 공기는 열의 전도가 잘 일어나지 않아 열이 쉽게 이동하지 않음
- 옷을 여러 벌 겹쳐 입으면 옷 사이에 공기층이 형성되어 열의 이동이 줄어듦
- 공기층이 많을수록 단열 효과가 커져 몸의 열이 밖으로 빠져나가는 것을 막음
- 얇은 옷 여러 벌이 두꺼운 옷 한 벌보다 더 따뜻함

27 그림은 겨울철 어느 주택에서 외부로 손실되는 열에너지의 비율을 나타낸 것이다. 열에너지의 손실을 줄이기 위한 방법으로 옳지 않은 것은?

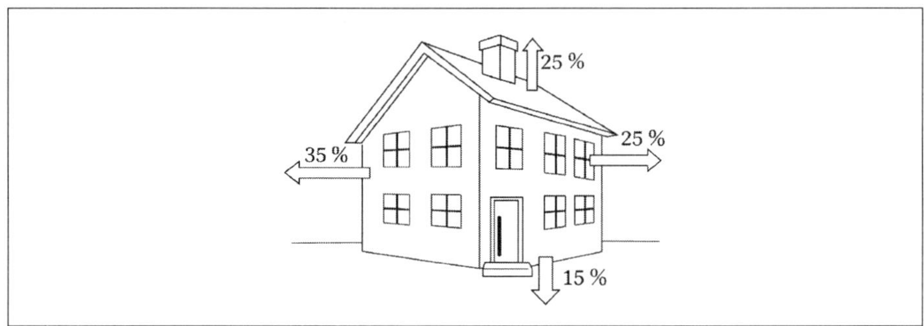

① 창문을 이중창으로 바꾼다.

② 천장에 석고보드를 붙인다.

③ 출입문은 자동으로 닫히는 장치를 한다.

④ 건물을 지을 때 열이 잘 통하는 재료를 사용한다.

◀ **열 손실과 단열**

- 열의 손실을 줄이기 위해서는 외부와 열이 잘 통하지 않도록 단열이 중요함
- 창문을 이중창으로 하면 유리 사이의 공기층이 열의 이동을 줄여 단열 효과가 생김
- 출입문이 자동으로 닫히도록 하면 실내의 따뜻한 공기가 밖으로 빠져나가는 것을 줄일 수 있음
- 벽면 녹화 작업은 외벽을 보호하여 열의 이동을 줄이는 데 도움을 줄 수 있음
- 건물을 지을 때 열이 잘 통하는 재료를 사용하면 열 손실이 커지므로 적절하지 않음

28 다음 중 비열에 대한 설명으로 옳은 것은?

① 물질의 종류마다 다르므로 물질을 구별하는 특성이 된다.

② 대부분의 고체는 액체에 비해 비열이 크다.

③ 물질의 비열은 물질의 질량에 따라 달라진다.

④ 비열이 클수록 온도가 잘 변한다.

◀ **비열의 성질**
- 비열은 물질의 종류에 따라 고유한 값을 가지는 물리량임
- 물질마다 비열 값이 서로 다르므로 물질을 구별하는 성질로 이용됨
- 비열이 클수록 같은 열량을 받아도 온도 변화가 작음
- 대부분의 고체는 액체에 비해 비열이 작은 경우가 많음
- 비열은 어떤 물질 1 kg의 온도를 1℃ 높이는 데 필요한 열량을 의미함

29 물질의 상태에 따른 열팽창에 대한 설명으로 옳은 것은?

① 열을 받았을 때 액체는 기체보다 더 많이 팽창한다.

② 기체는 열을 받아 팽창하는 정도가 물질에 따라 다르다.

③ 고체, 액체, 기체 중 열팽창하는 정도가 가장 큰 것은 고체이다.

④ 같은 물질, 같은 상태일 때 분자의 움직임이 자유로울수록 많이 팽창한다.

◀ **열팽창과 분자 운동**
- 물질은 열을 받으면 분자의 운동이 활발해져 부피가 커지는 열팽창이 일어남
- 일반적으로 열팽창의 정도는 고체 〈 액체 〈 기체 순서로 커짐
- 기체는 물질의 종류와 관계없이 열팽창 정도가 거의 같음
- 고체와 액체는 물질의 종류에 따라 열팽창 정도가 서로 다름
- 분자의 움직임이 자유로울수록 열팽창이 크게 나타남

30 다음 중 열팽창 때문에 일어나는 현상이 아닌 것은?

① 철로 사이의 틈이 여름에는 좁아진다.

② 한여름 백사장의 모래는 바닷물보다 뜨겁다.

③ 기온이 높아지면 온도계 눈금은 올라간다.

④ 여름철 전신주의 전선은 길게 처져 있다.

◀ **열팽창과 열용량**
- 물질은 열을 받으면 부피가 커지는 열팽창이 일어남
- 철로는 여름에 팽창하므로 철로 사이의 틈이 좁아짐
- 전선은 열을 받아 길이가 늘어나 처지게 됨
- 온도계는 액체의 열팽창을 이용하여 온도를 나타냄
- 한여름 백사장의 모래가 바닷물보다 더 뜨거운 이유는 모래와 물의 열용량 차이 때문임

✔ **27** ④ **28** ① **29** ④ **30** ②

02 화학

31 다음 중 보일 법칙을 이용한 예만을 있는 대로 고른 것은?

ㄱ. 열기구	ㄴ. 스프레이	ㄷ. 공기 펌프
ㄹ. 에어 밀창	ㅁ. 수은 온도계	ㅂ. 자전거 타이어

① ㄱ
② ㄴ, ㄷ
③ ㄹ, ㅁ
④ ㄴ, ㄷ, ㄹ, ㅂ

◀ **보일 법칙**
- 보일 법칙은 압력이 커지면 부피가 감소하고 압력이 작아지면 부피가 증가하는 관계를 나타냄
- 스프레이는 압축된 기체의 압력 변화를 이용하여 내용물을 분사함
- 공기 펌프는 공기를 압축하여 압력을 높이는 원리를 이용함
- 에어 밀창과 자전거 타이어도 공기의 압력과 부피 관계를 이용한 장치임
- 보일 법칙을 이용한 예는 ㄴ, ㄷ, ㄹ, ㅂ임

32 나머지와 상태 변화가 다른 하나는?

① 추운 날 창문에 성에가 생긴다.
② 나프탈렌 덩어리가 점점 작아진다.
③ 옷장에 넣어 둔 방향제가 점점 줄어든다.
④ 아이스크림을 포장할 때 넣어 주는 드라이아이스가 시간이 지나면서 점점 줄어든다.

◀ **상태 변화**
- 추운 날 창문에 성에가 생기는 것은 공기 중 수증기가 바로 얼어 고체가 되는 승화 현상임
- 나프탈렌이 줄어드는 것은 고체가 기체로 변하는 승화 현상임
- 방향제가 줄어드는 것도 고체가 기체로 변하는 승화 현상임
- 드라이아이스가 줄어드는 것도 고체에서 기체로 변하는 승화 현상임

33 라면 스프, 인스턴트 커피, 우주 식품 등 동결 건조 식품을 만들 때 공통적으로 일어나는 상태 변화 두 가지를 옳게 짝지은 것은?

① 응고, 용해
② 응고, 기화
③ 응고, 승화
④ 기화, 승화

◀ **동결 건조의 상태 변화**
- 동결 건조는 식품을 먼저 얼려 물을 고체 상태(얼음)로 만드는 과정(응고)이 포함됨
- 이후 압력을 낮추어 얼음이 액체를 거치지 않고 바로 수증기로 변하는 승화가 일어남
- 즉 물이 액체 상태를 거치지 않고 고체 → 기체로 변하는 과정이 핵심 원리임
- 따라서 동결 건조에서 공통적으로 일어나는 상태 변화는 응고와 승화임

34 다음 현상들의 공통점으로 옳지 않은 것은?

> - 추운 날 창문에 성에가 생긴다.
> - 냉동실에 넣어 둔 물이 얼음이 된다.
> - 차가운 음료가 담긴 컵 표면에 물방울이 맺힌다.

① 주위의 온도가 내려간다.
② 분자의 운동 상태가 느려진다.
③ 분자의 배열이 규칙적으로 변한다.
④ 분자 사이의 거리가 가까워진다.

◀ **상태 변화의 공통점**
- 제시된 현상은 승화(성에 생성), 응고(물 → 얼음), 액화(수증기 → 물) 현상임
- 이들은 기체나 액체가 더 안정된 상태로 변하면서 분자 운동이 느려지는 변화임
- 상태 변화 과정에서 주변으로 열에너지를 방출하는 공통점이 있음

35 다음의 여러 가지 현상 중에서 증발과 확산의 예로 볼 수 없는 것은?

① 여름철에 철근과 가열되면 레일이 늘어난다.
② 주유소 부근에서 휘발유 냄새를 맡을 수 있다.
③ 냄비에 식초를 넣으면 국물 전체가 신맛을 낸다.
④ 김 속의 붉이 커피를 떨어뜨리면 전체 색으로 변한다.
⑤ 화장실에 방향제를 놓으면 좋은 냄새가 닌다.

◀ **증발과 확산**
- 증발은 액체가 기체 상태로 변하는 현상이며 확산은 분자가 퍼지는 현상임
- 휘발유 냄새가 퍼지는 현상은 기체 분자가 공기 중으로 확산되는 예임
- 식초나 커피가 물속에서 퍼지는 현상 역시 분자의 확산으로 설명됨
- 철근이 가열되어 길이가 늘어나는 것은 열에 의한 고체의 열팽창이므로 증발이나 확산의 예가 아님

36 **원소 기호와 각 원소가 이용되는 예를 옳게 짝지은 것은?**

① Cu – 파이프, 전선

② Fe – 포일, 비행기 동체

③ Ca – 수돗물 소독, 표백제

④ Ag – 뼈, 조개껍데기의 구성 성분

⑤ Ne – 과자 봉지 충전 기체, 단백질 구성 성분

원소의 이용

- Cu(구리)는 전기 전도성이 좋아 전선과 파이프 등에 이용됨
- Fe(철)는 건축 자재 등에 쓰이며 포일이나 비행기 동체는 Al(알루미늄)이 주로 사용됨
- Ca(칼슘)는 뼈와 조개껍데기의 구성 성분이며 소독·표백에는 Cl(염소)이 사용됨
- Ne(네온)는 네온사인 등에 사용되며 과자 봉지 충전 기체와 단백질 구성 성분은 N(질소)임

37 **원자에 대한 설명으로 옳지 않은 것은?**

① 원자의 대부분은 텅 비어 있다.

② 물질을 구성하는 기본 입자이다.

③ 원자는 종류에 관계없이 전자의 수가 일정하다.

④ 원자 질량의 대부분은 원자핵이 차지한다.

⑤ 원자핵은 (+)전하를 띠고 있으며 원자 중심에 존재한다.

원자의 구조

- 원자는 물질을 구성하는 가장 기본적인 입자이며 대부분의 공간이 비어 있음
- 원자의 중심에는 양전하를 띠는 원자핵이 존재함
- 원자 질량의 대부분은 원자핵에 있는 양성자와 중성자가 차지함
- 전자의 수는 원자의 종류에 따라 달라지므로 전자의 수가 일정하다는 설명은 틀림

38 **화학식에 대한 설명으로 옳은 것은?**

① 결합비는 원소 기호 왼쪽에 적는다.

② 음이온을 먼저 쓰고 뒤에 양이온을 쓴다.

③ 구성 원소의 종류와 결합비를 알 수 있다.

④ 양이온을 먼저 읽고 음이온을 나중에 읽는다.

⑤ 원소 기호 아래 숫자는 전하량을 의미한다.

◀ **화학식의 의미**

- 화학식은 물질을 이루는 원소의 종류와 각 원소의 결합 비율을 나타냄
- 결합비는 원소 기호의 오른쪽 아래에 작은 숫자로 표시함
- 이온 화합물은 보통 양이온을 먼저 쓰고 음이온을 뒤에 씀
- 원소 기호 아래 숫자는 전하량이 아니라 원자의 개수 또는 결합비를 의미함

39 **우리 생활 속에 있는 이온에 대한 설명으로 옳지 않은 것은?**

① Ca^{2+} : 뼈를 구성하는 성분

② CO_2 : 적혈구의 헤모글로빈을 구성하는 성분

③ Na^+ : 신경 세포에서 흥분 전달에 필요한 성분

④ HCO_3^- : 석회동굴에 흐르는 지하수 속 성분

⑤ Cl^- : 바닷물 속에 많이 들어 있는 성분

◀ **생활 속 이온**

- Ca^{2+}(칼슘 이온)은 뼈와 치아의 구성 성분임
- Na^+(나트륨 이온)은 신경 세포의 흥분 전달에 중요한 역할을 함
- HCO_3^-(탄산수소 이온)은 석회동굴의 지하수에 녹아 있는 성분임
- 적혈구의 헤모글로빈을 구성하는 성분은 CO_2가 아니라 철 이온(Fe^{2+})임

40 **화학 반응의 종류가 다른 하나는?**

① 철 + 황산 구리(Ⅱ) → 황산 철 + 구리

② 질산 은 + 구리 → 질산 구리 + 은

③ 산화 구리(Ⅱ) + 탄소 → 이산화 탄소 + 구리

④ 질산 납 + 아이오딘화 칼륨 → 아이오딘화 납 + 질산 칼륨

◀ **화학 반응의 종류**

- ①~③은 한 원소가 다른 원소를 대신하는 치환 반응임
- 치환 반응은 한 물질 속 원소가 다른 원소로 바뀌는 반응임
- 질산 납과 아이오딘화 칼륨의 반응은 두 물질의 이온이 서로 자리를 바꾸는 반응임
- 이 반응은 침전이 생기는 교환 반응에 해당함

✔ 36 ① 37 ③ 38 ③ 39 ② 40 ④

41 **공기 중에서 다음과 같은 반응이 일어났을 때 반응 전과 후에 질량이 변하지 않는 것은?**

① 강철 솜의 연소 반응 ② 과산화 수소의 분해 반응

③ 탄산 칼슘과 묽은 염산의 반응 ④ 아이오딘화 칼륨과 질산 납의 반응

질량 보존 법칙

- 공기 중에서 반응이 일어날 때 기체가 생성되거나 공기 중의 기체가 반응에 참여하면 질량 변화가 나타날 수 있음
- 강철 솜의 연소는 산소와 결합하여 질량이 증가함
- 과산화 수소 분해와 탄산 칼슘과 염산 반응에서는 기체가 발생함
- 아이오딘화 칼륨과 질산 납의 반응은 용액 속에서 침전이 생기는 반응으로 기체 출입이 없음

42 **다음은 로켓의 기술과 관련된 내용이다. 이 기술과 관련된 것은?**

> 로켓은 연료로 액체 수소를 사용한다. 로켓은 수소와 산소가 반응하여 물을 생성하는 과정에서 에너지를 얻는다. 이때 연료와 액체 산소량의 비율이 잘 맞아야 최소의 비용으로 안정하게 발사할 수 있다.

① 질량 보존 법칙 ② 돌턴의 원자설

③ 기체 반응 법칙 ④ 일정 성분비 법칙

일정 성분비 법칙

- 수소와 산소는 일정한 질량비로 결합하여 물을 생성함
- 물이 생성될 때 수소 1 g이 반응하면 산소 8 g이 반응함
- 화합물은 항상 일정한 질량비로 결합하는 특징이 있음
- 로켓 연료에서도 수소와 산소의 비율을 일정하게 맞추어야 안정적으로 반응함

03 생물

43 **광합성으로 생성된 양분을 포도당 형태로 저장하는 식물은?**

① 호두 ② 양파

③ 강낭콩 ④ 옥수수

양분의 저장 형태

- 광합성으로 생성된 양분은 식물체 각 부분으로 이동하여 다양한 형태로 저장됨
- 양분의 저장 형태에는 녹말, 설탕, 포도당, 단백질, 지방 등이 있음
- 녹말 형태로 저장되는 식물에는 쌀, 밀, 보리, 옥수수 등이 있음
- 포도당 형태로 저장되는 식물에는 양파, 포도 등이 있음

44 식물체의 기체 출입에 대한 설명으로 옳은 것은?

① 낮 – 기체 출입이 일어나지 않는다.

② 낮 – 산소를 흡수하고, 이산화탄소를 방출한다.

③ 밤 – 이산화탄소를 흡수하고 산소를 방출한다.

④ 아침, 저녁 – 외관상 기체의 출입이 없는 시기가 있다.

🔖 **식물의 기체 출입**
- 낮에는 광합성량이 호흡량보다 커서 이산화탄소를 흡수하고 산소를 방출함
- 밤에는 광합성이 일어나지 않고 호흡만 일어나므로 산소를 흡수하고 이산화탄소를 방출함
- 아침과 저녁에는 광합성과 호흡량이 거의 같아 외관상 기체 출입이 없는 것처럼 보일 수 있음

45 다음과 같은 작용이 일어나는 세포 구조를 옳게 짝지은 것은?

> (가) 다양한 생명 활동이 일어난다.
> (나) 포도당이 물과 이산화탄소로 분해되면서 에너지가 발생한다.

① (가) 핵 / (나) 세포질 ② (가) 세포질 / (나) 핵

③ (가) 세포질 / (나) 미토콘드리아 ④ (가) 미토콘드리아 / (나) 핵

🔖 **세포 구조의 기능**
- 세포질에서는 다양한 생명 활동이 일어남
- 미토콘드리아는 세포 내 에너지 생산 기관임
- 미토콘드리아에서는 포도당을 분해하여 에너지를 생성하는 세포 호흡이 일어남
- 포도당이 물과 이산화탄소로 분해되면서 에너지가 발생함
- (가)는 세포질, (나)는 미토콘드리아

46 잎에서 일어나는 작용을 있는 대로 나열한 것은?

① 광합성, 호흡 작용 ② 광합성, 저장 작용

③ 호흡 작용, 증산 작용 ④ 광합성, 증산 작용, 호흡 작용

🔖 **잎에서 일어나는 작용**
- 잎에서는 광합성이 일어나 양분이 만들어짐
- 잎의 기공을 통해 물이 수증기 형태로 빠져나가는 증산 작용이 일어남
- 잎에서도 생명 활동을 위해 호흡 작용이 일어남
- 뿌리에서는 물과 무기 양분을 흡수하는 흡수 작용이 일어남
- 따라서 잎에서 일어나는 작용은 광합성, 증산 작용, 호흡 작용임

✔ 41 ④ 42 ④ 43 ② 44 ④ 45 ③ 46 ④

47 영양소의 종류와 그 기능에 대한 설명으로 옳은 것은?

① 물 — 여러 가지 활동의 주된 에너지원이다.

② 지방 — 각종 영양소와 노폐물을 운반한다.

③ 단백질 — 세포의 주요 구성 성분이다.

④ 탄수화물 — 적은 양으로 생리 작용을 조절한다.

◢ **영양소의 기능**

• 물은 여러 영양소와 노폐물을 운반하는 역할을 함
• 지방은 에너지를 저장하는 데 주로 이용됨
• 탄수화물은 여러 가지 활동의 주된 에너지원임
• 무기 염류는 적은 양으로 생리 작용을 조절함

48 비타민에 대한 설명으로 옳지 않은 것은?

① 에너지원으로 쓰이지 않는다.

② 적은 양으로 몸의 기능을 조절한다.

③ 부족하면 결핍증이 나타날 수 있다.

④ 대부분 체내에서 합성되는 영양소이다.

◢ **비타민의 특징**

• 비타민은 에너지원으로 사용되지 않는 영양소임
• 적은 양으로 신체의 여러 생리 작용을 조절함
• 부족하면 여러 가지 결핍증이 나타날 수 있음
• 대부분 체내에서 합성되지 않으므로 음식으로 섭취해야 함

04 지구과학

49 기권의 각 층의 특징으로 옳지 않은 것은?

① 성층권 – 오존층이 분포한다.

② 대류권 – 기상 현상이 나타난다.

③ 중간권 – 비행기의 항로로 이용된다.

④ 대류권 – 전체 대기의 대부분이 분포한다.

⑤ 열권 – 대기가 매우 희박하며 낮과 밤의 기온 차이가 크다.

◢ 기권의 층

- 대류권은 기상 현상이 나타나며 전체 대기의 대부분이 분포하는 층임
- 성층권에는 자외선을 흡수하는 오존층이 분포함
- 중간권은 수증기가 거의 없어 기상 현상이 나타나지 않으며 기권 중 가장 낮은 기온이 나타남
- 비행기의 항로로 이용되는 층은 성층권이므로 중간권이라는 설명은 틀림

50 지구 온난화로 인해 나타나는 현상으로 옳은 것을 다음 중에서 있는 대로 고른 것은?

> ㄱ. 육지의 면적이 점점 좁아진다.
> ㄴ. 빙하가 녹으면서 해수면이 상승한다.
> ㄷ. 열대 과일의 재배지가 남쪽으로 이동한다.

① ㄱ
② ㄴ
③ ㄷ
④ ㄱ, ㄴ

◢ 지구 온난화의 영향

- 지구 온난화는 온실기체 증가로 지구 평균 기온이 상승하는 현상임
- 기온 상승으로 빙하가 녹아 해수면이 상승하게 됨
- 해수면 상승으로 해안 지역이 침수되어 육지 면적이 점차 줄어들 수 있음
- 농작물 재배지는 기온 상승으로 북쪽으로 이동하는 경향이 있음

51 기압의 크기가 다른 하나는 무엇인가?

① 1기압
② 1013 hPa
③ 760 mmHg
④ 물기둥 약 10 m가 누르는 압력
⑤ 수은 기둥 78 cm가 누르는 압력

◢ 1기압의 크기

- 1기압은 표준 대기압으로 여러 단위로 나타낼 수 있음
- 1기압 = 1013 hPa = 760 mmHg = 76 cmHg임
- 또한 물기둥 약 10 m 높이가 누르는 압력과 같음
- 수은 기둥 78 cm는 76 cm보다 큰 압력이므로 1기압과 같지 않음

52 **우리나라와 같은 중위도 지방의 구름 속에서 만들어지는 눈의 생성 과정을 옳게 설명한 것은?**

① 구름 속의 물방울이 얼어붙어서

② 구름 속의 빙정이 물방울이 합쳐지면서

③ 구름 속의 빙정에 수증기가 달라붙어서

④ 구름 속의 물방울에 수증기가 달라붙어서

⑤ 구름 속의 물방울들이 서로 부딪혀 충돌하면서

눈의 생성 과정
- 중위도 지역의 구름 속에는 물방울과 빙정이 함께 존재함
- 물방울에서 증발한 수증기가 빙정에 달라붙어 빙정이 점점 커짐
- 커진 빙정이 무거워져 떨어지면 눈이 됨
- 떨어지는 과정에서 녹으면 비가 됨

53 **그림은 고기압과 저기압에서의 바람의 방향을 나타낸 것이다. (가)~(라) 중 북반구에서 부는 바람을 있는 대로 고른 것은?**

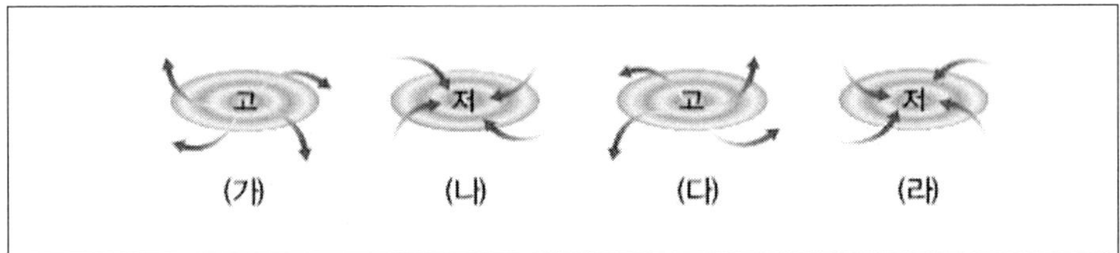

① (가), (나) ② (가), (라)

③ (나), (다) ④ (나), (라)

⑤ (다), (라)

북반구의 바람 방향
- 북반구의 고기압에서는 바람이 시계 방향으로 불어 나감
- 북반구의 저기압에서는 바람이 시계 반대 방향으로 불어 들어감
- 그림에서 (가)는 북반구의 고기압, (라)는 북반구의 저기압에서 부는 바람임
- 북반구에서 부는 바람은 (가), (라)임

54 **지구가 둥글기 때문에 나타나는 현상으로 옳지 않은 것은?**

① 높은 곳으로 올라갈수록 시야가 넓어진다.

② 인공위성에서 찍은 지구의 사진이 둥글다.

③ 개기 일식 때 달에 비친 지구 그림자가 둥글다.

④ 남쪽에서 북쪽으로 여행하면 하늘에서 관측되는 별자리가 달라진다.

지구의 둥근 모양
- 지구가 둥글기 때문에 높은 곳으로 올라갈수록 더 넓은 지역을 볼 수 있음
- 인공위성에서 촬영한 지구의 모습은 둥근 형태로 나타남
- 월식 때 달에 비친 지구의 그림자도 둥글게 나타남
- 별자리의 변화는 지구의 자전과 위도 변화에 따른 관측 위치 차이와 관련됨

55 **인공위성 궤도가 이동하는 이유로 옳은 것은?**

① 지구가 태양 주위를 공전하기 때문에

② 지구의 자전축이 기울어져 있기 때문에

③ 계절에 따라 별자리가 달라지기 때문에

④ 지구가 자전축을 중심으로 자전하기 때문에

지구의 자전과 인공위성 궤도
- 지구는 자전축을 중심으로 서쪽에서 동쪽으로 자전함
- 지표면 위의 관측자는 지구와 함께 이동함
- 따라서 관측자의 위치가 계속 변하여 인공위성의 궤도가 이동하는 것처럼 보임
- 실제로는 지구의 자전에 의해 관측 위치가 변하기 때문임

52 ③ 53 ② 54 ④ 55 ④

적중 TOP 마이스터고 입학 적성평가 예상문제집

인쇄	2026년 4월 22일
발행	2026년 4월 29일
편저자	마이스터고 입시연구회
펴낸이	노소영
펴낸곳	도서출판마지원
등록번호	제559-2016-000004
전화	031)855-7995
팩스	02)2602-7995
주소	서울 강서구 마곡중앙로 171

ISBN | 979-11-24295-10-6 13370

정가 15,000원